あなたは、そのままでいればいい

鈴木秀子

扶桑社

はじめに

年を重ねるにつれ、いやおうなしに「老い」を感じることが増えてきます。

体力や運動機能、認知機能が落ちて、以前はできていたことができなくなったり、体のあちらこちらに痛みや不調があらわれます。

多くの人は、長生きを望みますが、老いることは望みません。でも、老いは必ずやってきます。生きていれば、いずれだれもが老いを経験し、老いを実感すると落ち込んだり、さびしくなったり、虚しくなったりするものです。それはよくわかります。私自身も通っている道ですから。

老いとどう向き合い、おつきあいするか。

そして、老いる自分をどう受け入れ、許し、仲よくして、愛していくか。

本書では、そのためにできることをお伝えしたいと思います。

1日には昼と夜があり、1年のうちには天気のいい晴れの日と雨や曇りの日があります。光があれば闇があり、表があれば裏があり、若いときもあれば老いるときもあり、生があれば死もあります。

草花や樹木は土から上の茎や葉や花だけでなく、ふだんは見えない土のなかの根っこの部分も含めて、すべてでひとつです。

人は生きていれば、良いことも悪いことも両方が自分の身に起きてきます。だから、人生は50%と50%で、合わせて100%なのです。

どちらが良くて、どちらが悪いのではなく、どちらも大切なもの。ふたつでひとつ。両方のバランスが取れて、この世界は成り立っています。

まさに、これが大いなる宇宙の、神様の計らいだと感じます。

『旧約聖書』のなかの「コヘレトの言葉（伝道の書）」には次のような言葉があります。一部紹介します。

何事にも「時」があり
天の下の出来事にはすべて定められた「時」がある。
生まれる時、死ぬ時
植える時、植えたものを抜く時
（中略）
神はすべてを時宜《じぎ》にかなうように造り、また、永遠を思う心を人に与えられる。それでもなお、神のなさる業をはじめから終りまで見極めることは許されていない。
私は知った、人間にとって最も幸福なのは
喜び楽しんで一生を送ることだ、と。
人間だれもが飲み食いし、その労苦によって満足するのは神の賜物《たまもの》だ、と。

——コヘレトの言葉

時宜というのは、ちょうど良いタイミングという意味です。
私たちの人生は、時間が流れていくなかで、その都度、出来事が起きるのではなく、出来事がその人に適切なタイミング＝「時」をつれてやってくるのだと私は解釈しています。

ということは、若いころ、あんなに元気でなんでもできた自分が、時間が経って年老いてなにもできなくなってしまったのではなく、自分にとって適切なタイミングで「老い」という「時」がやってきた、ととらえることもできます。

だから、過去のことを悔やむ必要はありません。未来を憂う必要もありません。老いは、ちょうど良いタイミングでやってきたのですから。


それを否定せず、受け入れて、「いま」を精一杯生きることができれば、その先には適切な「未来」があなたを待っています。そうして「すべては必然」と肯定できれば、あなたの中心にぶれない軸ができ、人生でもう迷うことはすくなくなっていきます。

なにも難しく考えなくて大丈夫です。人間にとってもっとも幸福なのは喜び楽しんで一生を送ることなのですから。

この本の内容は、本当は若い人たちのためのものでもあるのです。年を取ってからではなく、若いうちにこそ身につけておきたい「生きる秘訣」だからです。

本書では、「年を取るとはどういうことなのか」『もやもや』『うつうつ』した気持ちを乗り越えるには」「自分との上手なつきあい方」「老いるのはこわくない、そして死も」「後悔のない人生のためにできること」について、章ごとにお話ししたいと思います。

どうぞ、気楽にページをめくってみてください。いま、あなたが本当に必要としていることにきっと出合えるはずです。

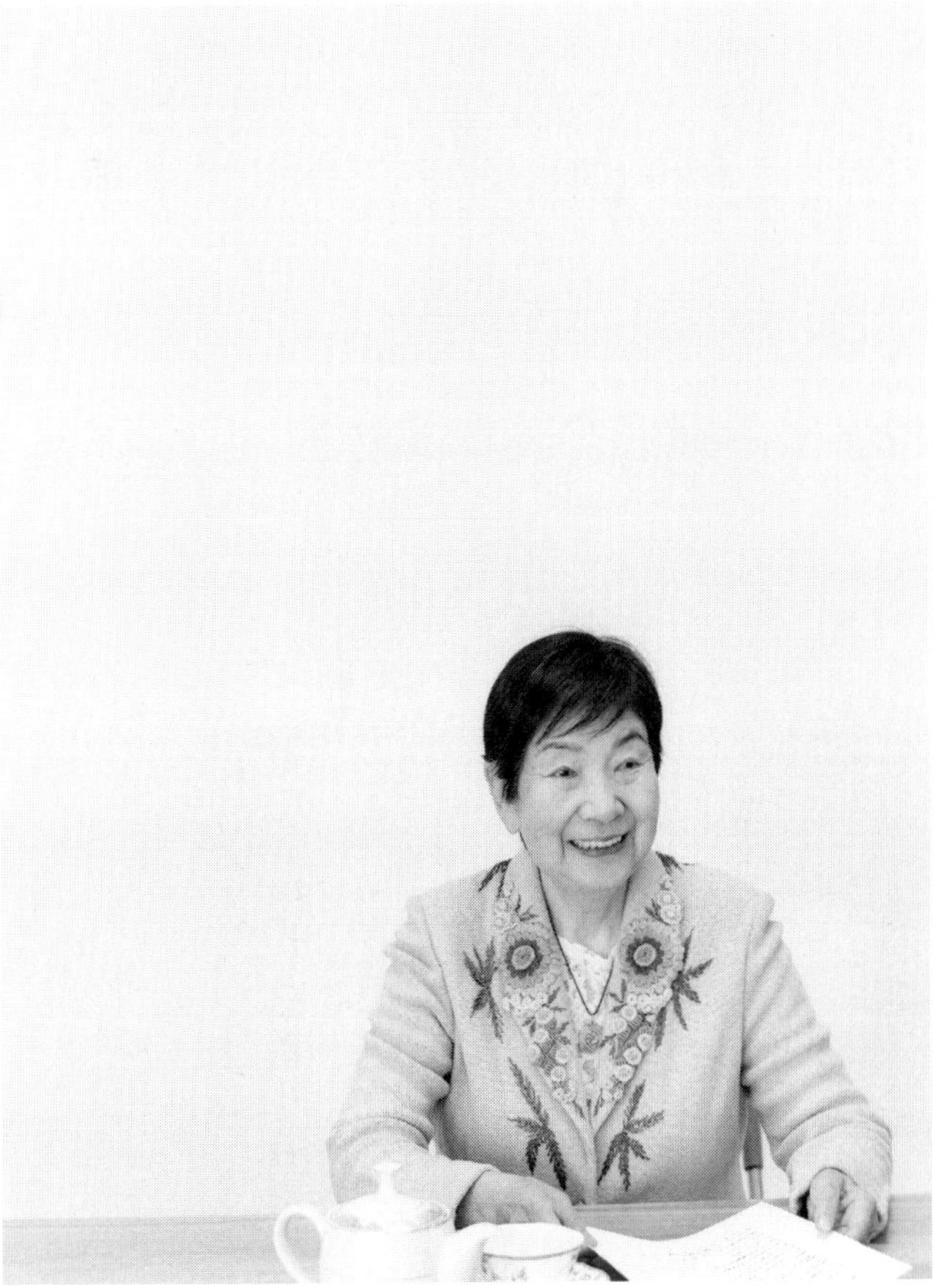

聖心女子大学　修道院にて

目次

Part 3
自分との上手なつきあい方

Part 4
老いるのはこわくない、そして死も

Part 5
後悔のない人生のためにできること

Part 1
年を取るとはどういうことなのか

人生という舞台では、どんな人も必ずハッピーエンドで終わりますよ。安心して

年を取ることは、生きることそのものではないでしょうか。

私たちは自分の人生を、日々、懸命に生きています。本当に、いつでも一生懸命です。

だれのための人生でもありません。

あなたのために与えられた、あなたが主人公の人生です。

そのステージに立っているあなたを演出するのもあなたです。

人生はドラマそのものですから、起承転結があります。

主人公は、ときには行きづまって苦しんだり、悲しい出来事に絶望したり、どうしようもなく落ち込んだりします。舞台では、さまざまなシーンが繰り広げられます。

だけど、主人公はいつも、必ずだれかのひと言に勇気づけられたりしながら、顔を上げて前を向いて歩きはじめます。

うずくまったままでは、体が縮こまって、ひざが痛くなってしまいます。あとずさりして、不意に自転車にぶつかったりなどしたら、危ないですもの。立ち上がって、前を向いて歩くしかないのです。

舞台に立っている主人公は、おなじ場所にとどまっていて、いつもおなじ姿に見えるかもしれません。でも、決しておなじではありません。なぜなら主人公は、悲しみや苦しみを経験したことで、大きく成長してゆくからです。

生きるとは、前に向かって進むこと。

生きるとは、年を重ねること。

年を重ねるとは、経験を重ねること。

経験を重ねるとは、成長すること。

老いるとは、成長することでもあるのです。


昨日と今日の主人公、つまりあなたは決しておなじではありません。

「どうしたらこの出来事を乗り越えられるだろうか？」

「どうしたら毎日笑顔で生きられるだろうか？」

「この大根をどう料理したら美味しいだろうか？」

こんなふうにいろんなことを模索し、答えを見つけようと試みることが生きることそのものです。

正しい答えを出すことが人生の目的ではなく、一生懸命に考えて選んで決めたこと、そのすべてが正解なのです。

前を向いて一生懸命に笑顔で生き続ける主人公って魅力的ですね。私はそんな主人公が愛おしくてなりません。きっとまわりにいる人たちも応援してくれるでしょう。

その主人公こそが、あなたなのです。自分に与えられた限りある人生という大舞台を、存分に楽しんでくださいね。

つらいときは、必ずだれかが手を差し伸べてくれます。

どんな人でも、必ずハッピーエンドで終わります。

物語の結末はいつでも、「いろいろ大変なこともあったけれど、素晴らしい人生だった！」なのですから。

年を取ると、好きなことだけを好きなだけやれるようになりますよ。それって、素敵でしょ？

年を取ることに、ネガティブになっていませんか？

年を取ると、できないことが増えて落ち込んでいませんか？

私が92歳になって感じるのは、「年を取るって、なんて素晴らしいことなのかしら」という喜びです。

92年間生きてきた私が言うのですから、間違いありません。

年を取ると、見栄とかプライドなんてものが、どんどんなくなっていきます。生き方がとてもシンプルになっていくのです。

「いいえ、鈴木先生。私にはまだまだたくさんの執着があります」

「私は足が悪くて、もう歩けません。人生がつらいです」

そんなふうにおっしゃる方もいるでしょう。

年を取ると不要なものが自然に自分のまわりからなくなっていきます。不思議ですね。わざわざ時間と手間をかけて断捨離をしなくても、自分に必要なものだけが、ちゃんと残っていきます。

年を取ったら、好きなことだけを、好きなだけできる毎日ですから、こんなに楽しいことはありません。

どちらにしても、できることしかできませんから、できない自分をさっさと受け入れてしまえば、ニコニコ笑って上機嫌でいまを生きていけるのです。

すると、自然にまわりにニコニコ笑顔があふれてきます。

いま急いでやらなければならないことが、なにかありますか？

若いときみたいに、たくさんのことを急いでやる必要がなくなりますから、たいそうラクなものです。

年を取れば、多くの場合、子どもは自立して家を出ていますし、自分の親も旅立っています。だれかに急かされることは、なにもありません。

レジでお金を支払うときだって、アタフタしてしまっても気にすることなどありません。年を取ったら、いろんなことに時間がかかるのなんて、あたりまえなのですから。

「えっ？　いま、なんとおっしゃいましたか？」

こんなふうに、相手に何度も聞き返してもいいのです。年を取ったら、耳が遠くなるのは普通のことです。

できない自分を恥じることなど、いっさいないのです。

これって、年を取ったからそう言えるのではなく、じつは若いときだってまったくおなじことです。

できない自分を責めるから苦しいのです。

若いころは許せなかった自分をどんどん許せるようになります。それが、年を取るということです。


「老いるというのは、どういうことですか？」という質問をよく受けます。そのとき私は次のように答えています。

「老いとは、人生でこれまでため込んできたことをひとつひとつ、手放していくプロセスなのですよ」と。

亡くなった後に、あちらの世界に持っていけるものなど、なにひとつありません。

持っていけるとしたら……なんでしょうね？　私にも、よくわかりません（笑）。

年を取ったら、身軽になって、あなたが好きなことを好きなだけやって、あなたのまわりもニコニコできるようにすることが大切なのです。

迷うのは悪いことではありません。自分の感覚をつかまえる訓練。つかまえるから、答えが見つかるの

いつもあなたのそばに神様がいらっしゃいます。

そうお話しすると、「私には神様は見えません」「神様は私がつらいとき、なにもしてくださらなかった」とおっしゃる方もいらっしゃいます。

でも、神様はいつでも私たちのそばで見守っていてくださいます。本当ですよ。

これまでの人生、ずっと神様は私と一緒にいてくださいました。修行時

代には、自分に向き合う沈黙の行《ぎょう》を8年間行いました。そんな私でも、いまでも「自分の感覚をつかまえる」ことを意識して訓練しています。

そう、これは訓練です。「自分の感覚をつかまえる」と意識する訓練。たとえば、朝起きて「今日はどんな服を着ようかしら？」と考えます。そのときに大切にするのは、自分の感覚です。

気分が沈んでいるときに赤を着ると、違和感があります。自分の気持ちを無視して、無理に赤い服に合わせようとしないこと。これが自分の感覚をつかまえるということです。感覚をつかまえると、「気づき」があります。

私は、昔はずっと修道服を着ていましたが、あるとき修道服を脱ぐ決意をしました。

1960年代当時、大きな社会変動のうねりを受け、全世界のカトリック教会において、中世から受け継がれたしきたりではなく、教会の原点にかえろうという呼びかけが行われました。それは「キリストの精神を深く生きよう」というものです。

「キリストの精神に従って悩める人々に寄り添い、助けになるにはどのようにすればいいのか？」そのことを一人ひとりが考え、教会としても考え、そして決断していこうということになったのです。つまり、自立して自分で考えることが大切になりました。

そのとき私は、大学の授業を修道服で続けるかについて考えることにしました。すでに修道服ではなく、普通の服を着るシスターもちらほら出はじめていました。一方、黒と白の2着の修道服で1年を過ごすのは、とてもシンプルで、持たない生き方としてとても素敵です。

ずっと考えていたある日のこと、とつぜんその答えが目の前に示されました。

授業を終えて学内を歩いていたときのことです。学生の反応に違いがあることに気づきました。修道服を着たシスターには、学生は丁寧にお辞儀をする。普通の服装のシスターや先生には挨拶をしない。

学生は修道服で判断して、相手に挨拶するかどうかを決めているのかもしれないと思ったのです。

私はそこで、修道服の力を借りずに、「悩める人々に寄り添い、助けになる方法」を考える必要があることに気づかされました。学生たちの行いを目の前に示され、「はっ」と気づかされたのです。この気づきを与えてくださったのは、神様かもしれません。

とつぜんその答えが目の前にあらわれたのは、私自身の力ではないように感じました。ここまで生きてこられたみなさんも、きっとそんな経験をお持ちではないでしょうか。

答えはすぐにはわからないものです。

目まぐるしくスピーディに移り変わるいまの時代でも、時間が経たなければわからないことがたくさんあります。

年を取るというのは、自分が求めていた本当の答えに出合うチャンスがたくさん訪れること。

年を取るというのは、神様からの気づきをたくさんいただけること。

私はそのことに深く感謝しています。感謝をしていると、さらに気づきが得られます。

「今日はどんな服を着ようかしら？」「どの靴を履いて出かけようかしら？」「なにを食べようかしら？」という小さな選択のひとつひとつは、「自分の感覚をつかまえる」と意識する訓練そのものです。

年を取ったら大いに迷いながら、自分の感覚をつかまえてくださいね。迷うのは悪いことではありませんよ。「これでいい」と自分が納得いくまで、自分の感覚をつかまえる訓練です。

ひとつひとつを怠らず、自分の感覚を無視しないことが自分を大切にすること。そんなあなたを神様がいつも見ていてくださいます。

自分の感覚を後まわしにしてはいけません。

求めていると、ある日、とつぜん目の前に答えが示され、「はっ」と気づかされることがたくさん起こります。答えは忘れたころにやってくることもあります。

聖書では「求めなさい。そうすれば得られる」と教えています。

年を取っても、まだ心にゆとりを持てないのなら前途有望。成長途中なのですね

本質とはなんでしょうか。少し考えてみましょうか。
本質とは、「人はみんな平等である」ということではないでしょうか。
本質とは、おなじような苦しみと、おなじような問題にぶつかります。

他人はすべて、自分自身の映し鏡です。
「他人に対する愚痴は、そのまんま100%、自分自身のことである」ということに気づいたら、愚痴を言っている自分を鏡に映してみましょう。

目には見えない相手の思いが、自分の姿として映し出されます。

「私のことをわかってほしい」と願うなら、相手のことも受け入れます。
「私のことを大切にしてほしい」と願うなら、相手のことも大切にします。
「私のことを尊重してほしい」と願うなら、相手のことも尊重します。
「私のことを認めてほしい」と願うなら、相手のことも認めます。
「私のことなんて、だれもわかってくれない」と嘆く前に、まずあなたが相手のことを認めるのです。

先に認めるなんて、ちょっと悔しいですか？

相手に「私のことをもっと認めなさいよ」と命令のように言われたら悔しい気持ちになりますが、自分から先に認めたならとってもいい気分になりますよ。むしろあなた自身が、「私のことをもっと認めなさいよ」と相手に求めていませんか？

自分が先に認めれば、相手は必ず変わります。だんだんあなたのことを認め、どんどん加速度的にお互いが認め合って、共に成長していきます。

相手があなたを認めてくれたから自分も認めるのではなく、まずあなたが先に相手を認めるのです。

だれかに命令されるのでもなく、先に行うのは自分。

それができるようになるのが、年を取るということです。

年を取ると、こんなふうに心にゆとりが持てるようになるのです。

そうすれば、あなたは大切にされ、尊重され、認められるようになります。まだまだ心にゆとりなど持てない、という方は成長途中なのですね。

年を取るとは、できていたことができなくなるばかりではありませんね。先に相手のことを大切にできるようになるから、自分のことを大切にしてもらえるのです。

聖書には次のような言葉があります。


私たちは見えるものではなく、見えないものに目を注ぎます。

見えるものは過ぎ去りますが、

見えないものは永遠に存続するからです。
——コリントの信徒への手紙

目に見えない世界を見るには、まずは目に見える世界にしっかり目を注ぐことです。先ほどの自分の姿を鏡で見ることもひとつです。

それから自分の手を見ることもおすすめです。

手をよく見てみましょう。5本指は見える世界（現実の世界）で、手のひらが目に見えない世界（心の世界）です。5本の指は、手のひらでひとつに繋がっています。


心の世界は、永遠です。

亡くなってもう会えない人は、いつもあなたの心のなかにいます。

目に見えないけれど、その人とは見えない心の世界でいつもちゃんと繋がっています。

なにも恐れない。不平を言わない。「神様の言うとおり」に素直に受け入れるのです

私たちの心は、放っておくとネガティブになってしまいます。そして、つい不平を言ってしまいますよね。それは、私たちがこの世で生き抜くために必要な習性のようなもの。危険なことから自分の身を守るために備わった防衛本能のようなものかもしれません。

ネガティブになる理由は、危険を素早く察知するため。サバンナで、のほほんと生きていれば、すぐにライオンに食べられてしまいます。だから「不安」というサインで私たちに危険を知らせてくれます。

では、不平はどうでしょうか。

不平とは、言い換えれば、目の前にある改善すべき課題をキャッチしていることにほかなりません。分析する能力が高い、ともいえますよね。

ただし、不安にふりまわされたり、不平を言っているだけではなにも状況は変わりません。

人生100年時代を生きる私たちに必要なことはなんでしょうか？

そのヒントをフランス人のカルマンさんが教えてくれます。


カルマンさんは、1875年生まれの女性で、1997年、122年の人生に幕を閉じました。親族が経営する画材店でゴッホに会い、1988年に、「ゴッホに直接会ったことがある人」としてインタビューを受けたことが注目されるきっかけでした。

死に至る直前まで、肉体的にも精神的にもとても元気だったといいます。

とくに生活がストイックだったというわけではなく、むしろ自由に好きなように生きたそうです。

オリーブオイルを使った料理をよくつくり、赤ワインを毎日飲み、ホットチョコドリンクのショコラショーを毎日飲んだといいます。ショコラショーというのは、フランス語で「熱いチョコレート」のこと。とっても美味しそうですね。

彼女にはお気に入りの言葉がありました。それは「楽しいわ」。この言葉をいつも言っていました。そして85歳からフェンシングをはじめ、100歳まで自転車に乗っていたそうです！　なんとまあ、びっくりです。

日本にも105歳まで現役スイマーだった長岡三重子さんがいらっしゃいます。初めてプールに入ったのは80歳のとき。リハビリ目的ではじめ、カナヅチ同然だったのが1年以上かけて25メートル泳げるようになり、18もの世界記録を樹立する偉業を成し遂げました。

「何歳からだって、新しいことははじめられる」。彼女は2021年にご逝去されましたが、そんな大切なことを私たちに教えてくれました。

私も92歳になりましたが、鍛えないと体力はどんどん落ちてしまいますから、お天気がよければ、昼食後はいつもお散歩します。修道院がある広尾から青山墓地あたりまで、片道20分から30分ほどでしょうか。自然のなかを歩くことが健康を助けることを身を以て実感しているので、70代になってからノルディックウォーキングの指導者の資格も取りました。

私がこころがけているのは、なるべく歩くこと。外出できないときは、部屋で足踏みの機械を使います。朝ごはん前に10分、夕方に10分と、1日20分程度ですが、とってもいい気分転換になっています。

沖縄の長寿地域の高齢者のみなさんには、ある特徴があるそうです。「朝起きたとき、今日1日を生きる理由を口にできること」。

よく「きょういく」と「きょうよう」が大切といわれますよね。「きょういく」は、今日行くところがあること。「きょうよう」は、今日用事があること。「きょういく」と「きょうよう」は、自分が社会と繋がっていることを実感させてくれます。

生き甲斐というのは、なにも立派なものでなくてもいいです。「世のなかの役に立つべき」などと無理に考えなくてもいいのです。「いまここに生きている」ことが、すでに神様に生かされているという証なのですから。

最後に、122歳まで元気に過ごされたカルマンさんのふたつのモットーを紹介します。

なにも恐れないこと。

不平を言わないこと。

恐怖も不満も持たず、前向きに生きるには、目の前に起こることすべてには意味があり、神様のお導きなのだ、ととらえること。生きるのがとってもラクになりますよ。

右か左か選ぶのに迷ったとき、子どものころは「どちらにしようかな、神様の言うとおり」で決めましたね。これは決して人任せではなく、「神様の言うとおり」は目の前に起こったことを素直に受け入れることでもあるのです。

あら、まだ自分とケンカしているの？「いまの自分のままでいい」そう言ってみましょう

傾聴という言葉をご存じでしょうか。

傾聴とは、相手の話に耳・目・心を傾けて、相手の話を真摯に「聴く」会話の技術のことです。もともとはカウンセリングで使われているコミュニケーション技法のひとつです。

いまでは日常でも、そしてビジネスの場面でも、相手との信頼関係を構築するうえでとても重要なテクニックになっています。

生きていれば、だれかとコミュニケーションを取る必要がありますから、このテクニックを身につけておくと、驚くほど人間関係がスムーズになります。テクニックなので、訓練すれば必ず習得できるものです。

みなさんに傾聴のコツをお伝えします。

「あなたはそういうお気持ちなのよね」

こんなふうに、語尾を「よね」で終わらせます。たとえ、「違うわよ」と思っても、「あなたはそういうお気持ちなのよね」と相手の話に耳を傾けるのです。「でも」「だって」と言いたくなる気持ちはわかります。もしも、「でも」「だって」と言いたくなったら、まず「そうよね」という言葉を最初に発してみましょう。

傾聴には3つの原則があります。「共感的理解」「無条件の肯定的関心」「自己一致」です。

共感しながら、善悪の評価などいっさいせず、「そうよね」と無条件にとりを理解し、肯定してくださいます。

肯定するのです。神様は、いつだってそうしてくださっているでしょう。

そして神様も、善悪の評価などいっさいせず、無条件の愛で私たち一人ひとりを理解し、肯定してくださいます。

3つめの「自己一致」についてです。

理想の自分と現実の自分が一致しないと、聴き手も話し手も心理的に不安定な状態になります。

不安定なままでは、自分の感情に素直になれませんね。すると、相手の話も純粋に聴くことはできません。

年を取るというのは、「理想の自分」と「現実の自分」の乖離《かいり》をなくしていく作業でもあります。現実の自分＝ありのままの自分をいつまでも受け入れられないと、ただつらいばかりです。

傾聴する相手は、他人とは限りません。本当に傾聴すべき相手は、あなた自身です。耳・目・心を傾けて、自分の考えや思いを真摯に「聴く」ことを日々、習慣にしましょう。

仮に「私は自己一致していない」と気づいても、「私って、自己一致していないのよね」と、ありのままの自分を受け入れる。これも傾聴です。

以前、死期の迫ったお母さんを看病している息子さんがいました。お母さんが痛みや苦しさを訴えたとき、彼はお母さんの苦しみに一生懸命に共感しようとして、こんなふうに返していました。

「母さん、苦しいか、苦しいか」

そこで私は、そうではなくてこう言ってごらんなさいと伝えました。

「母さん、苦しいよね、苦しいよね」

すると、お母さんはうなずいて静かになって、苦しみが治まりました。「よね」には、それほど大きな力があるのです。

ありのままの自分を受け入れることや、「いまの自分のままでいいのよね」と自分に伝えることは、決して怠惰な態度ではありません。

ありのままの自分を受け入れた瞬間から、人はさらに大きく成長していきます。

年を取っても、あなたはいまの自分にダメ出しをしていますか？

自己を一致させれば、毎日がとてもラクになりますよ。

私にも、悩みやコンプレックスがいっぱいあります。理想像と自分がかけ離れていると悩むこともあります。理想の自分を目指して、どんなに努力しても、克服できないこともたくさんあります。

そんなとき私がどうしているのか、みなさんにお伝えしますね。


受け入れる。

いまの自分を受け入れてください。完璧じゃなくったっていいのです。

完璧を求めると、人は自分を責めはじめます。

そして、自分がつらくなると、今度は人を責めはじめます。

人間って、本当に弱い存在なのです。コンプレックスや弱点のない人間なんてどこにもいません。

だけど、神様はそんな私たちを無条件で愛してくださっています。

column
シスター鈴木の「悩み相談室」①

老いを素直に受け入れられません。老いを受け入れられたと実感した出来事はありますか？

年を取ってきて、良かったといちばん思うのは、頭のなかでごちゃごちゃ考えなくなることです。

若いときは、あの人がこう言ったとか、あのときああいう態度を見せたとか、あの人は返事をしなかったとか、結構まわりのことを気にしますけれども、年を取ってくると、だんだん考えなくなりますね。だから「頭のなかの雑音が少なくなってきたな」と感じたとき、老いも悪くはないと感じます。年を取ることは恵みだなと思いますね。それに、人はみんな違うんだということをつくづく感じますから。

体の不調もいろいろ出てきたりすると、なかなか恵みとは感じられないかもしれません。執着というか、若さへの未練もあるでしょう。まだ自分は若いんだ、と思い込みたい焦りなど。いろいろな思いもあるけれども、自分が、自分のなかがどう動いているか、温かく観察し続けるんです。自分がこうあってはいけないとか、こうでなければダメとか、そんな考えを少しずつ手放す訓練をしていくのですよ。

年を取ると、老いも悪くないということをよく感じます

column
シスター鈴木の「悩み相談室」②

Q 大好きなアイドルのコンサートに行くと、友人に「年甲斐もなく恥ずかしくないの？」と言われて傷つきました。私はおかしい？

大好きなアイドルのコンサートに行って力をもらえるなんて、素晴らしいことじゃありませんか。人の言葉に傷つくことはないですよ。他人がなんと言おうと、まったく関係ありません。この件は、あなたにどんなことを伝えようとしているのか、その意味をしっかり見つめてみてください。すべてには意味があるからです。つまり、「自分の軸をしっかり保ちなさい」ということ。なぜこの人は「年甲斐もなく」などと言うのか。私のことが羨ましいのか。私自身、アイドルのコンサートに行くことを恥ずかしく思っていたのか、などなど。

コンサートに行くのは、お金を払って元気をもらうこと。それでいいんだ、と自分の行動の意味をちゃんと理解する機会に恵まれた、と考えてみてはどうでしょうか。いちいち人の言葉にふりまわされていたら、せっかくもらえた元気も台無しですよ。成長とは、人の言うことにふりまわされないようになること。成長とは、自分で良しと考え、自分で決定し、自分で責任を持つことです。

A 他人がなんと言おうと、自分の軸をしっかり保ちなさい

Part 2
「もやもや」「うつうつ」した気持ちを乗り越えるには

「もやもや」さんや「うつうつ」さんがいらしたらお茶でも差し上げて、おしゃべりしてみて

「もやもや」と「うつうつ」はどこから湧いてくるのでしょう。

頭のなかに黒いものが「もやもや」と渦巻いているように感じる人もいれば、胸の奥のあたりが「うつうつ」と重く感じる人もいます。

私は、年を取るにつれ、外に注意を払うことがどんどん少なくなりました。払っている場所は、自分の内面です。

「もやもや」と「うつうつ」は、「悪しきもの」ではありません。みなさ

ん、悪いものととらえることが多いようですが、「もやもや」と「うつうつ」は、自分の内面に注意を払って、自分を育て直すための積極的な行為です。

「もやもや」と「うつうつ」を、たとえば、「たいへん良きもの」ととらえてみたらいかがでしょうか？

悩みと苦しみは、人を成長させるたいへん良きもの。

もやもやうつうつ体験は、気づきを得られるたいへん良きもの。

「もやもや」と「うつうつ」は、たいへん面白きもの。

こんなふうに面白がるというのは、人生の荒波を乗り越えるうえで、とても大事な要素ですね。

「もやもや」と「うつうつ」がやってきたら、「よし、きた！　いらっしゃい」とウエルカムで招き入れましょう。お茶でも差し上げて、「もやもや」さんと「うつうつ」さんとおしゃべりするのです。

「さてさて、今日はどんなご用かしら？」と話をよくお聞きするのです。

今日の「もやもや」は、ひざの痛みで歩けなくなったらどうしようという お悩みね。今日の「うつうつ」は、孤独でさびしいというお悩みね。こんなふうに、「もやもや」と「うつうつ」と向き合ってみるのです。

ここだけの話ですが、こんなふうに「もやもや」さんと「うつうつ」さんを感じているのは、あなただけではありません。

人間は一人ひとりみな違いますが、どこかで繋がっていて、じつはですね、みんながすべて「ひとつ」なのです。

知っていましたか？

みんながすべて「ひとつ」です。

ひとつであるということを、どんなふうにお伝えしたら感じられるかしら。

そう、たとえるなら、教会で鳴り響くオルガンのようなもの。

オルガンが奏でられると、音が空気を振動させて、そこにいるすべての

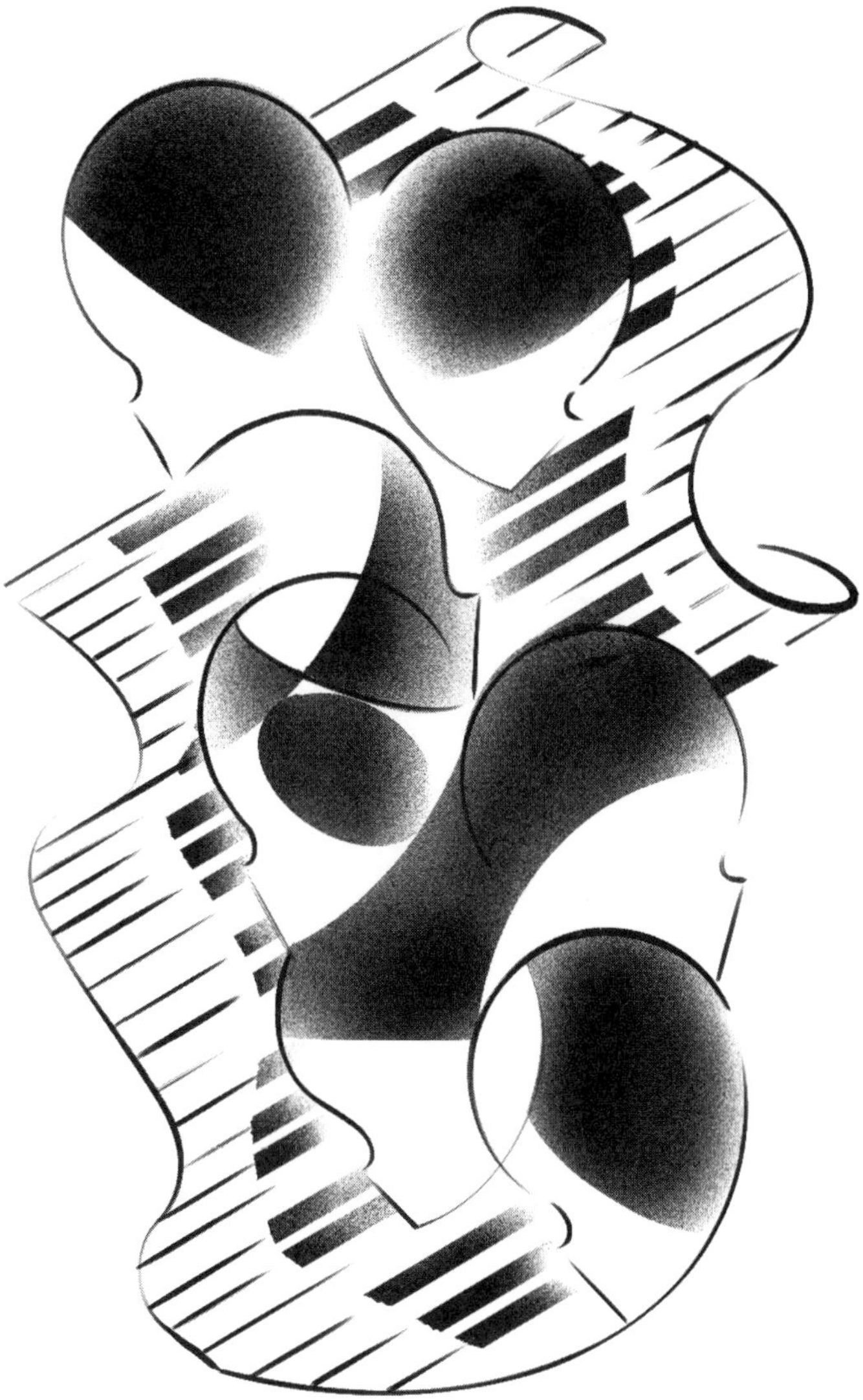

人のところに届きます。

たとえ耳が聞こえない人も、空気の振動から音を感じています。ラップミュージックをカーステレオで大音量で聴くのが趣味、という聾《ろう》の方もいらっしゃいます。

話を元に戻しますね。

教会で鳴り響くオルガンで、空気が振動し、私たちの心は共鳴、共振します。それは、おなじ大きさの音叉《おんさ》をふたつ並べて、ひとつの音叉をたたくと、たたいていないもう一方の音叉も共振するのとおなじイメージ。

共振するのは、「おなじ」だからです。

物体（空気）の固有振動数と、おなじ周波数の振動を外部から受けると（ここではオルガンの演奏のこと）、静止していた物体が振動しはじめます（私たちの心に届くこと）。

オルガンの音が響いて、人の心を響かせます。

私たちは、見た目と個性がどんなに違っていても、「ひとつ」です。

オルガンの音が「ファ」なのに、私だけが「ミ」なんてことはありません。

「ファ」が私たちの心におなじように「ファ」と響くのは、みんなが「ひとつ」で、みんなが繋がっているからなのです。

他人の感情にふりまわされるのはやめましょう。自分の機嫌は自分で取るのですよ

私は、これまで160冊以上の本を出版し、生き方や心の有り様《よう》などについて、さまざまなことを記してきました。92歳を迎えたいま、もっとも大切だと思っていることがあります。

それは――上機嫌でいること。機嫌良くいることは、幸せになるためのもっとも簡単で、もっともシンプルな方法です。

そんな簡単なこと？　そう思った方もいれば、そんなのは無理ですとい

う方もいるでしょう。「上機嫌でいる」とつねに心に刻んで、いつも微笑んで、小さなことにも大きな感謝と幸せを感じ、いやだなと感じる出来事も上機嫌でさらりとやり過ごす。なんて難しいことでしょう。

年を取るということは、日々、「上機嫌でいる」ための訓練をすることです。日々、いろいろなことが起こります。

電池が切れて、電源が入らない。鍵が見つからない。

母が病を患った。椅子にひざをぶつけた。

それでも、上機嫌でいるのです。

悲しいことやつらいことは、私たちが幸せになるために必要なこと。

上機嫌、上機嫌。こんなふうにおまじないのように唱えてみましょう。

人間は、あっという間に不安や不満に心を支配されて、悪いほうへ悪いほうへと考えてしまう生き物です。そうすると、上機嫌どころかどんどん不機嫌になってしまいます。すると、まわりにいる人を不快にさせます。

それは立派なハラスメントです。不機嫌ハラスメントといって、最近では「フキハラ」というそうですね。近くに不機嫌な人がいると、それだけで自分まで嫌な気分になって、傷つきます。

不安や不満が私たちの心を支配する理由は、「人間の感情はネガティブが主体」だからだそうです。私たちのこのような感情のしくみを科学的に証明したのが、世界初の感情認識ツールを開発した脳科学者の満倉靖恵《みつくらやすえ》さんです。『フキハラの正体』（ディスカヴァー・トゥエンティワン）のなかで詳しく述べられています。

アドラー心理学では、「人間の行動には目的がある」と唱えられていますが、不機嫌の目的とはなんでしょうか。

赤ちゃんは、お腹が空いたり、眠くなると、ぐずって泣き出します。大人も不眠が続き、お腹が空けば、不機嫌になります。体調が悪いのをまわりにアピールしたいのかもしれません。

自分の思うようにいかないイライラをまわりにまき散らして、他人もおなじようにイライラさせたいのでしょうか。自己評価が低く、他人が自分と比べて高く評価されることに怒りを感じるのかもしれません。

不機嫌を表に出してアピールすることで、まわりの人が気づかってくれるのを期待しているのでしょうか。また、不機嫌によって、相手の行動をコントロールしようとしているのかもしれません。

いずれにせよ、どれもこれも聞くだけで、せっかく上機嫌でいようとしているあなたを、不機嫌で支配してしまいそうです。

もしも、まわりに不機嫌な人がいたら、その人と距離を取り、伝染しないように気をつける必要があります。そして、「機嫌が悪いのは、私のせいなのだろうか」などと思い悩んではいけません。なぜなら、不機嫌と向き合わなければならないのは、あなたではなく相手の課題だからです。

これは「課題の分離」といって、アドラー心理学が提唱したものです。他人の課題に介入しないこと、そして自分の課題に他人を介入させないこと。相手の課題を最終的に引き受けなければならないのは、あなたではなく、相手です。

ではここで、みなさんにお聞きします。あなたはいま上機嫌ですか？

知るとは、大根のみそ汁。生きていくなかで大切なのは他者との違いを知ること

おみそ汁に入れる大根を、みなさんはどのように切りますか？

いちょう切り、拍子木切り、短冊切り、細切り、千切り、半月切り、輪切り、乱切り、1センチ角切り……。大根おろしにして入れる方もいらっしゃいますよね。大根の切り方ひとつでも、これだけたくさんあります。

では、どの切り方が正解でしょうか。

私はいちょう切り、私は千切り、と、これまで慣れ親しんできた切り方が正解かもしれません。

千切り大根のみそ汁で育った人であれば、「1センチ角切りにした大根のみそ汁なんて！」と怒り出すかもしれません。

ここでの「なんて」は、それを軽んじる表現です。「私なんて」というのも、自分を軽んじる表現です。

あるいは、おなじ千切り大根のみそ汁で育った人でも、「1センチ角切りにした大根のみそ汁なんて！」と、これまで知らなかった新鮮な驚きに感動する場合もあるかもしれません。

ここでの「なんて」は、驚きや感嘆をあらわしています。

おなじ「なんて」でも、これほど違いがあらわれます。それが個性、多様性というものなのでしょう。

なかには、「みそ汁に入れる大根とは、千切りにすべき」とほかの人のやり方を否定し、自分のやり方を押しつける人もいます。

知るとは、まさに大根のみそ汁です。

これほど多彩な切り方があることを「知る」。他者のやり方を知って、そこから相手のことを知る。どれが正解なのでもなく、人はこれほど大きな違いがあるのだということを大根のみそ汁から学びます。

よく耳にする、「あの人は自分のやり方ばかりを押しつけてきて、本当に困ってしまう。私のやり方をぜんぜん認めようとしない」という愚痴があります。

この言葉をよく聞いてみてください。相手に対する愚痴は、そのまんま100%、その人自身のことを表現しています。愚痴は自分自身のことであることが多いのです。

あなたも、自分のやり方ばかりを押しつけていませんか？　相手のやり方を認めていますか？

「べき」思考も自分を苦しめます。「あら、1センチ角切りの大根のみそ汁もいいわね」と軽やかに認めてみましょう。正解は、人の数だけあります。

押しつけず、認める。批判せず、認める。賛成しなくてもいいのです。

ただ、ただ、認めてみましょう。これも訓練です。

自分の趣味とは異なる大根のみそ汁を認めるという小さな訓練で、あなたはこれからまだまだ成長していきます。

人間って、放っておくとすぐにネガティブになってしまうの。「あっ」と気づくことが大切です

もやもやうつうつ、していませんか？

「もやもや」は、物事の本質がもやもやっとした霞《かすみ》にかかって見えない状態です。お風呂場の曇った鏡とおなじです。

よく見えないまま前に進むのは、だれだってこわいですし、不安なものです。不安だから「もやもやうつうつ」するのです。

自分の顔を見たいのに、鏡が曇って見えない……。

こんなとき、あなたならどうしますか？

どんなに一生懸命に目を凝らしても、自分の顔は見えません。そしたらきっと、あなたはこんなふうに3つのことをするでしょう。

①「鏡が曇っているわ」(気づき)
②「顔が見えなくて、イライラするわ」(客観的な自己観察)
③「曇った鏡を手やタオルで拭こう」(行動)

もやもやうつうつしたら、やることはこの3つしかありません。

なにより、まず気づくことが大切です。

そして、イライラしている自分を、静かに、客観的に観察します。

このとき重要なのは、「もうひとりの自分」の存在です。舞台の上でイライラしている自分を、もうひとりの自分を客席に座らせて観察してみてください。

もうひとりの自分を見るときの視点は、評論家ではありません。「つまらないことでイライラしているなんて、ダメな人ね」などと、厳しく批判する必要はありません。また、裁判官になってもいけません。善悪を判断したり、間違いを正そうとする必要はまったくありません。

このもうひとりの自分の視点こそが、神様の視点そのものです。神様はいつでもこんなふうに、どんなときでも私たちを温かく見守っていてくださいます。

客席から自分を見るときは、そうですね、遠くにある山を見るように観察してみてはどうでしょう。

あそこに山があるなあ。雲が出てきたなあ。太陽が雲で隠れたなあ。

こんなふうに目の前の景色を、自分自身のことを、自分の心模様を、ただ観察するのです。

「雲が出てきて、雨が降ったらどうしよう」「傘がないから困ったわ」「雨に濡れて風邪を引いたらいやだなあ」などと、あれこれ考えません。

考えはじめていたら、「あ、私、ネガティブになっている」と気づいて、ストップします。

どうしても「あれこれ」が浮かんで、もやもやうつうつしてしまうなら、深呼吸します。

やり方は、目の前の霞んだもやを吹き飛ばすように、大きく息を吐きます。吐く息に意識を全集中します。これを3回やってみてください。3回深呼吸したら、たいていの不安は静かにおさまっていきますよ。


そして、最後の仕上げが「行動」です。

目の前のやるべきことに集中します。「いまできることはなに？」と考え、いまやれることに集中するのです。

「鈴木先生、私、そんなにすぐに行動になんて移せません」という声が聞こえてきます。そうですよね、そんなふうにすぐ行動なんてできませんよね。であるなら、こんなふうにしてみたらどうでしょう。

お手洗いに立つ、手を洗う、歯を磨く、料理をする、座っている場所を変える、散歩に出る、掃除をする。なんでもいいですから、体を動かしてみるのです。

禅僧は、毎朝、庭を掃き清め、畳を拭いて、食事の支度をします。目の前のことに集中すると、雑念は消えていきます。こういう日常のなにげない行動こそが、生きるうえでなにより大切なことなのです。

違うことに焦点が合えば、もやもやうつうつに囚われている自分から解放されます。

私たちの脳は、同時にふたつのことに集中できないようになっているらしいですよ。だから、なんでもいいので、動く。これだけで、気持ちがラクになっていくのです。

もやもやうつうつの意味は、もうひとりの自分の存在（神の視点）に気づくために起こる御業《みわざ》なのかもしれませんね。

時間はかかるかもしれません。でも、焦らないで。受容できる日が必ず訪れます

この世につらいことなど、なければいいのに。

そう思いますよね。

「どうして神様はこんなにつらいことを、私に課すのか」

そんなふうに神様を責めたくなるときもあるでしょう。


人は死を宣告されたとき、心は5段階のプロセスを踏むといいます。

否認、怒り、取り引き、抑うつ、受容です。

「私が死ぬなんて、嘘だ」とはじめに否認します。

次に、「なぜ私が死ななければならないのか」「なにか悪いことでもしたのか」「これは罰なのか」と怒りが込み上げます。

「死なくてすむなら、なんでもします」「許してください」と取り引きします。

その取り引きが叶わないと知り、落ち込んで抑うつ状態になります。

そして、最後の最後に受容が訪れます。

人によって、この5つのステップに時間がかかる人もいるでしょう。

ずっと長い間、落ち込んで抑うつ状態を引きずる人もいるでしょう。


人は「なにか」があると、神様に必死に祈ります。

神様、お願いします。息子の命を助けてください。

神様、お願いします。子どもが無事に生まれますように。

神様、お願いします。試験に合格しますように。

神様、お願いします。ガンが治りますように。

こんなふうに、ふだんは神様のことなどまったく考えない人でも、「なにか」があると、神様の存在に気づきます。


苦しいときは、気づきがたくさんあります。

神様との絆を求めるのは人間の本性です。

いつでも神様はあなたのことを見守っていてくださいます。

私たちは「なにか」が起こると、神様がいつも自分を見守っていてくださることを思い出します。

あなたを受け止め、否定せず、判断せず、評価せず、ありのままのあなたを「良し」と認めてくださいます。

自分を空《から》にしておくと、その中心軸に神様が力を入れてくださり、そうするとなかから力が湧いてきます。


疲れた者、重荷を負う者は、だれでも私のもとにきなさい。

休ませてあげよう。

——マタイによる福音書

神様は「だれでも私のもとにきなさい」とおっしゃっています。祈ることは、重荷を下ろして休むことです。重荷を下ろして休むと、起こった「なにか」を受容できるようになります。

少し時間はかかるかもしれません。でも、焦らないで。

起こった「なにか」を受容できる日はいつか必ず訪れますよ。

話すは、離す、放す。はなすと「その思い」から距離を置くことができます

心の苦しさをだれかに話せないと、自分から苦しさを手放すことができません。

なぜなら、「話す」は「離す」。

自分から分離する。

間隔を取ることです。

放すは、つかむのをやめること。自由にすることです。

話す。離す。放す。はなす。

気持ちや思いをあらわすことが「話す」。

話すことは、思いを離し、心を解き放つこと。

私たち人間にとって、言葉を発することは、なんと大事なことなのでしょうか。


私には話す相手なんていません、と思い悩むことはありません。

話す相手はいくらでもいますよ。

亡くなったお母さんの写真を見ながら、おしゃべりするのでもいいんです。テーブルの上に飾ったお花に話しかけてもいいんです。大切にしているぬいぐるみ、娘が買ってくれたひざ掛け、パートナーといっしょに出かけたお花見の写真、あのときあの場所で思い出に買ったコーヒーカップ。

年を取れば取るほど、自分を豊かにする相棒が増えていくのです。

年を取るって、なんて素敵なことでしょう。

また、自分に向かって言葉を発することも、「はなす」です。

飼い猫に自分の思いをあらわすことも、「はなす」です。

ノートに思いを書き綴ることも、「はなす」です。

「はなす」と、囚われていつも肌身離さず持っている「その思い」と、距離を置くことができます。

自分の力では悩みを解決することはできなくても、距離を置くことはできますね。


「はなす」とは、背負っていた「その思い」を、「よっこらしょ」と下ろして、ひと休みすることです。そうしたら、いったん自分の手もとから手放すことができて、肩が軽くなります。肩の荷を下ろすことができます。

山登りでは、見晴らしのいい場所にきたら、みんなでいったん背中のリュックを下ろしてひと休みをします。そして、目の前に広がる美しい景色を見て、「ああ、私はこんなに高いところまで登ったのだなあ」と、初めて自分が登ってきたその歩みを実感できます。よくぞみなさん、ここまでちゃんと足元に気をつけながら、つまずかないように一歩一歩、必死に登ってきましたね。

年を取るって、なんて素敵なことでしょう。

いつでもみなさんは、リュックを下ろしてひと休みできます。

その場所で飲むお茶の美味しさや頭上に広がる空、木々のざわめきに目を向ければ、囚われていつも肌身離さず持っている「その思い」から「目を離す」ことができます。

悩みという漢字のなかには、「凶」という文字が入っています。凶は、おみくじにもありますが、決して悪い意味ではありません。

いまが「底」で、これ以上落ちることはありませんよ、後は運気が上昇していきますよ、というメッセージなのです。

ガンで入院している中学生の娘さんに、病名を話せず悩んでいるお母さんがいました。

あるとき娘さんが、ベッドの上でご飯を食べながら、「そういえばお母さん、私の病名ってなあに?」と聞いてきました。なぜかそのとき、「骨肉腫よ」とお母さんはすらりと言えたのです。娘さんは、骨肉腫という病気は骨に発生する悪性腫瘍(ガン)で、将来、義足を使わなければいけないときがくるかもしれないと知り、大きなショックを受けました。

その後、娘さんとお母さんは、病気についてよくいっしょに話し合うようになりました。定期検診の結果を見ながら、今後どのような治療方針にするのかについて、本人もいっしょに担当医と話し合うようになりました。

そして、あるとき娘さんが言いました。

「これまで私は病気でつらいときも、お母さんを悲しませちゃいけないと思って、なかなか話せなかった。だけど、いまはいっしょに病気のことをなんでも話せるようになった。お母さん、私にちゃんと話してくれて、本当にありがとう」

話すことで娘さんは、ひとりでは抱えきれないほど大きなリュックを、お母さんといっしょに背負えるようになったのです。

人は、自分の都合で感謝したりしなかったり。すべてのことに「ありがとう」ですね

人間は、つねに陰と陽です。

50%は強くて、50%は弱いのです。

「あなたはとても強い人間です。しかしその反面、弱さを併せ持ち、繊細な一面もあります」

よく占いなどでこんなことを言われると、「当たっている！」と多くの方が感じます。

人間は、どんな人も50%は強くて、50%弱い。
なぜならそれが人間の本質だからです。
生きている人間に、完璧に強い人なんてどこにもいないのです。
50%は明るくて、50%は暗い。
50%は前向きで、50%はマイナス思考。
どの人にも苦しみがある。どの人にも喜びがある。
50%ずつでバランスが取れています。

ずっと上の宇宙に目を向ければ、みごとにバランスが取れています。
宇宙(ユニバース)のuniはひとつです。
宇宙(コスモス)は調和し、秩序が取れ、混沌(カオス)の対極にあります。
近視眼的に見ると別々に見えますが、離れて見れば「ひとつ」の存在なのです。
だから私たちにとって、すべてに感謝することが大事だと思うのです。

なかには「私はとてもつらいことが多く、感謝することなどひとつもありません」と暗い顔でおっしゃる方もいます。

本当にそうでしょうか。

感謝は良いことに対してだけするのではありません。


この宇宙のなかに昼と夜があります。幹と根があり、光と闇があり、晴れの日があり雨の日もある。

両方があるから私たちの命は生かされ、守られています。今日もおひさまがのぼってくることは、あたりまえのことであって、あたりまえのことではありません。

つまり、なんでもないことに感謝するという訓練が大事なのではないでしょうか。

人間は成長するために生きているといいますから、毎日毎日の小さい訓練が成長に繋がっていくのです。そのいちばんの根源にあるのは、感謝だと思うのです。

人間って、良いことだけに感謝しがちですね。

そうじゃないんですよ。

自分の都合で良し悪しを判断し、感謝したりしなかったりするのではなく、すべてのことに「ありがとう」です。

自分の思いを順に伝えれば あら不思議！ 相手も素直に動いてくれる

老いることは、成長することであるとお伝えしましたが、たとえばコミュニケーションの取り方にしても、これまでの人生経験からあなたはたくさんのことを学んできたのではないでしょうか。

もしも、次のことをまだ身につけていないなら、いまからでも決して遅くはありません。ぜひ身につけてみてください。

それは「自分の思いが、相手に的確に伝わる話し方の基本」で、次の3

つのステップを順に踏みます。

①事実
②影響
③気持ち

具体的にやり方をお伝えしましょう。今回は、そうですね、パートナーにも後片づけを手伝ってほしいという気持ちを伝えるケースで考えてみましょう。「たまには、後片づけくらい手伝ってよ」と、こんなふうに言っても、相手は動いてくれません。

第1ステップで「事実」を共有します。

片づけを手伝ってくれないパートナーと、「食べ終わったものは、後片づけをして、台所をきれいにしなければいけない」という事実をお互いに確認し合います。

第2ステップは「影響」の確認をします。

片づけをしない事実がどのような影響を及ぼすかを話します。たとえば、「片づけしないと、台所が汚れたままで、次の食事の支度ができない」「片づけが終わらないと、すっきりした気分で眠ることができない」といったことでしょうか。

第3のステップは「気持ち」を伝えることです。ここまでやって初めて自分の思いが相手に的確に伝わります。

「片づけを手伝ってくれたら、本当に助かるわ」

「台所がきれいになったら、私、とっても嬉しいわ」

「私」を主語にして、～してくれたら、私は嬉しい、悲しい、心配、助かるというふうに伝えるのです。さりげなく、やってくれたら「ラッキー」くらいの気持ちで、相手に大きな期待をせず、プレッシャーもかけず、強要もせず、まるでひとり言のようにつぶやくのです。

人は、本来、人を喜ばせることが好きなものです。いつでもだれかの役に立ちたいと願っています。

「自分の思いが、相手に的確に伝わる話し方の基本」でありながら、相手が素直に動ける場をつくる基本でもあるのです。

column
シスター鈴木の「悩み相談室」③

イライラすることはあるのでしょうか？ イライラの解消法を教えてください

Q

私にもイライラすることはありますよ、人間ですから。私のイライラの解消法は、3つあります。深呼吸、瞑想、眠ることです。私は、聖堂《おみどう》にいつでも行くことができますから、そこではひとりになってお祈りします。聖堂というのは、礼拝する場所のことです。そこで毎日、朝夕お祈りをします。1日じゅうお祈りをする時間がずいぶんありますから、そのときはくだらないことを考えないようにしています。そういう意味では恵まれていますよね。私たち人間には、いろんな雑念がどんどん湧いてきます。それに耐えられなくなったら、人のせいにして、ぜんぶ人に押しつけて。あの人が悪いから、この人も悪いからなんて。

だから、嫌なことを言ってしまったり、言われたりしたら、深呼吸してそれを吸い込まない。聖堂じゃなくても、いつも座っているソファで深呼吸でもいいのです。目の前にその相手がいたら、その場を離れる。3回も深呼吸すれば、自律神経が整います。呼吸に意識を集中すると、思考が止まり、変化が静かに訪れます。

A

3回も深呼吸すれば思考が止まり、変化が静かに訪れます

column
シスター鈴木の「悩み相談室」④

年を取って孤独です。さびしい気持ちとどうつきあえばいいでしょうか？

さびしさを「悪」ととらえないことが大事です

人間にはいろんな感情が起こるけれども、絶対に消えない感情というのが、「さびしい」という気持ちです。秋の夕暮れどきや大勢のなかにいるときも、さびしく感じることがありますね。怒りなんかはそのうち消えていきますけれど、さびしさは自覚がなくてもふと感じるものです。

なぜかというと、人間は人と繋がらなければ生きていけない存在だからです。人との繋がりが大切だということに気づかせるために、絶対に消えない感情として、「さびしい」という気持ちがあるのです。だからさびしい気持ちが起こったときは、「人との繋がりを大切にしよう」という気持ちを思い出してください。さびしさを「悪」ととらえないことが大事です。

宇宙はぜんぶ愛で満ちているといいます。完璧にバランスが取れて、良いも悪いもいっさいありません。

起こるすべてを真っぷたつに分け、自分に都合の良いほうは良し、悪いほうはダメと判断しがちです。そんな自分に気づいたら、「あ、またはじまったな」と意識してみてください。

Part 3
自分との上手なつきあい方

ただの石ころがダイヤモンドに！「仕分け」すると、こんな錬金術もできますよ

自分と上手につきあうためのヒントがあります。

自分と上手につきあえる人は、他人とも上手につきあえる人です。自分と仲よくできない人は、他人とも仲よくできません。

自分と上手につきあうためには、「仕分け上手」になることです。

物流なら荷物をエリアごとに分けたり、リサイクルなら再生用ガラスびんを色ごとに分けたり、燃えるごみと燃えないごみに分別したり。仕分けをすると、煩雑なものが簡素化され、仕事がスムーズにはかどります。

ハンカチを入れる場所に、カレースプーンを入れていたら、カレーを食べるたびにスプーンを探す羽目になって、大変なストレスです。仕分けをすると、ストレスのない生き方ができるようになります。

自分と上手につきあうための仕分けは、ふたつです。ひとつは「変えることのできないもの」。もうひとつは「変えることのできるもの」。

「変えることのできないもの」は、他人、感情、生理現象、過去です。天気も自分の力では変えられません。

「変えることのできるもの」は、自分、思考、行動、未来です。

過去に起こったことは変えられません。でも、過去に起こった「負」の出来事を、自分の思考と行動で「正」に変えることができます。

「これって、本当に負かしら？」と自分の価値観を変えてみたり、意味をとらえ直してみたり、負の思考にふりまわされずに、自らの意志で自分の思考を活用して、「そういう意味があったのか」と「正」にとらえ直すことができます。こじつけでもなんでもいいのです。

ただの石ころを、ダイヤモンドのように輝かせることだってできますよ。

神様が無条件で愛してくださるように私たちも「自分を無条件で愛す」のです

以前、雑誌の企画で松岡修造さんと対談しました。

彼は、95年のウィンブルドンでベスト8入りし、いまは日本テニス協会理事兼強化本部副本部長として、ジュニア選手の育成と強化、そしてテニス界の発展に尽力されています。

元プロテニス選手ですから、すらりと背の高い方でいらっしゃるのに、プロになるまで彼はずっと、「背が低い、太っている、才能がない」と言われ、強い劣等感を持っていたそうです。いまではとても想像がつきませんね。

だからこそ、いまうまくいっていない人やネガティブな人の話を親身になって聞けるのだ、とお話しくださいました。

松岡さんがウィンブルドンでベスト8入りした要因のひとつは、中村天風の「絶対積極」の教えによるもので、天風先生のご著書をほとんど読まれ、講演録もすべて聴いたといいます。

みなさんは中村天風という方をご存じでしょうか。

日本政財界のリーダーたちに影響を与え続けている人生哲学の第一人者です。

古くは元帥・海軍大将の東郷平八郎、そして松下幸之助、原敬ら多数の政治家や実業家、さらに稲盛和夫さんら財界人から芸術家たちにまで大きな影響を与えました。

松岡さん以外のアスリートでは、大谷翔平さんが高校生のころからその著作を読んでいたことで話題になりました。

彼は天風先生の本を読んで、野球に対するイメージトレーニングを積んでいたといいます。

二刀流として活躍する大谷選手の柔軟で強靭な精神力は、「出世成功する人は、だれからも好かれる人である」「信念、それは人生を動かす羅針盤のごとき尊いもの。信念なき人生は、長い道のりの航海ができないボロ船のようなもの」といった天風先生の言葉を、そのまんま体現しているかのようです。

また、「幸せとはなるものではなく、あるもの」という天風先生の言葉が胸に刺さります。

幸せは、すでにここにあるのです。

松岡さんとの対談のとき、私が「かつて、歌うのがコンプレックスだった」というお話をすると、彼は、努力しても克服できないときはどうすればいいかと聞いてこられました。私は、次のように答えました。

「自分を受け入れることです。人は、完全になろうとして自分を責め、それがつらくなると、今度は人を責めてしまいます。でも、人間はもともと弱い存在。弱点のない人間なんていません。神様はそういう私たちを無条件で愛してくださっているのです」と。

自分と上手につきあうには、神様がそうしてくださっているように、弱い自分を受け入れることが必要なのではないでしょうか。

あなたは唯一無二のオンリーワン！ワンオブゼムではないのです

名は体《たい》をあらわします。体は、実体です。

名前は、本質そのものです。そして、名前は、命そのものです。

聖書では、しばしば神をあらわす言葉として、御名《みな》が使われます。御名は、神様そのものをあらわします。

もしも、自分の命も存在も本質も、生きる意味もわからなくなったら、声に出して自分の名前を呼んでみてください。あなたに名前をつけてくれた人が、必ずそこにいます。親はどんな思いを込めて、あなたにその名前をつけたのでしょう。その思いを想像すると、ぽかぽかと胸が温かくなります。もうこの世に親はいなくても、あなたと親を結ぶ確かな証が名前にあります。

私たちは、「あそこで丸く光っているもの」と呼んでいるうちは、それを知っているとはいえません。でも、それが「月」という名前だと知ったとき、名前で呼び、対象の実態を把握して、理解して、繋がります。

挨拶で「おはようございます、◯◯さん」と名前を呼ばれると、嬉しいですね。お店のレジで並んでいるとき、「あなたはそちらにお並びください」と言われても、だれのことだかわかりません。

あなたは、ワンオブゼム（One of them）ではありません。ワンオブゼムは、「たくさんあるなかのひとつ」「唯一のものというわけではない」という意味です。あなたはワンオブゼムではなく、唯一無二のオンリーワンなのですよ。

気持ちを言葉で表現できると どんどんラクになるから 不思議です

もやもやした気持ちを言葉で明確に表現できたら、どんなに素敵でしょう。言葉にできたら、思いの9割は成就してしまったようなものです。

みなさんはこれまで、どんな感情の言葉をたくわえてきましたか？

「楽しかった」でもいいのです。「悲しかった」でもいいのです。

楽しい気持ちを、「満ち足りた気持ち」「申し分ない」「ご機嫌」「本望」と数を増やしていくと、ぴたっと心に寄り添うものがきっと見つかります。

悲しい気持ちを、「切ない」「つらい」「心が痛い」「心が沈む」「やるせない」「胸が締めつけられる」「ヘコむ」「ため息が出ちゃう」と増やしていくのもいいですね。

年を重ねるほど、出合う言葉が増えていきます。その言葉を自分だけの辞書をつくるように、自分の心の内にたくわえていくのです。

辞書の「辞」には「別れを告げる」という意味もあって、舌に辛いと書くのはなんだか面白いですね。

さて、聖書では次のようにいっています。

初めに言《ことば》があった。言は神と共にあった。言は神であった。その言は、初めに神と共にあった。万物は言によって成った。成ったもので、言によらずに成ったものは何一つなかった。言の内に命があった。命は人間を照らす光であった。光は暗闇のなかで輝いている。暗闇は光を理解しなかった。

——ヨハネによる福音書

言葉のなかに命があるのです。また次のような言葉もあります。


思考に気をつけなさい、それはいつか言葉になるから。

言葉に気をつけなさい、それはいつか行動になるから。

行動に気をつけなさい、それはいつか習慣になるから。

習慣に気をつけなさい、それはいつか性格になるから。

性格に気をつけなさい、それはいつか運命になるから。


あなたの思いが言葉となり、それがいつしか運命になっていくのです。

「どうせ私なんて」

このような思いを言葉にすれば、そのようになっていきます。

「うん、これも良しとしよう、かな」「これは闇夜の提灯、かも」

こんなふうに言葉にしてみましょう。「かな」「かも」でいいのです。そのうちぴたりとした言葉が見つかり、心にぽっと明かりが灯ります。

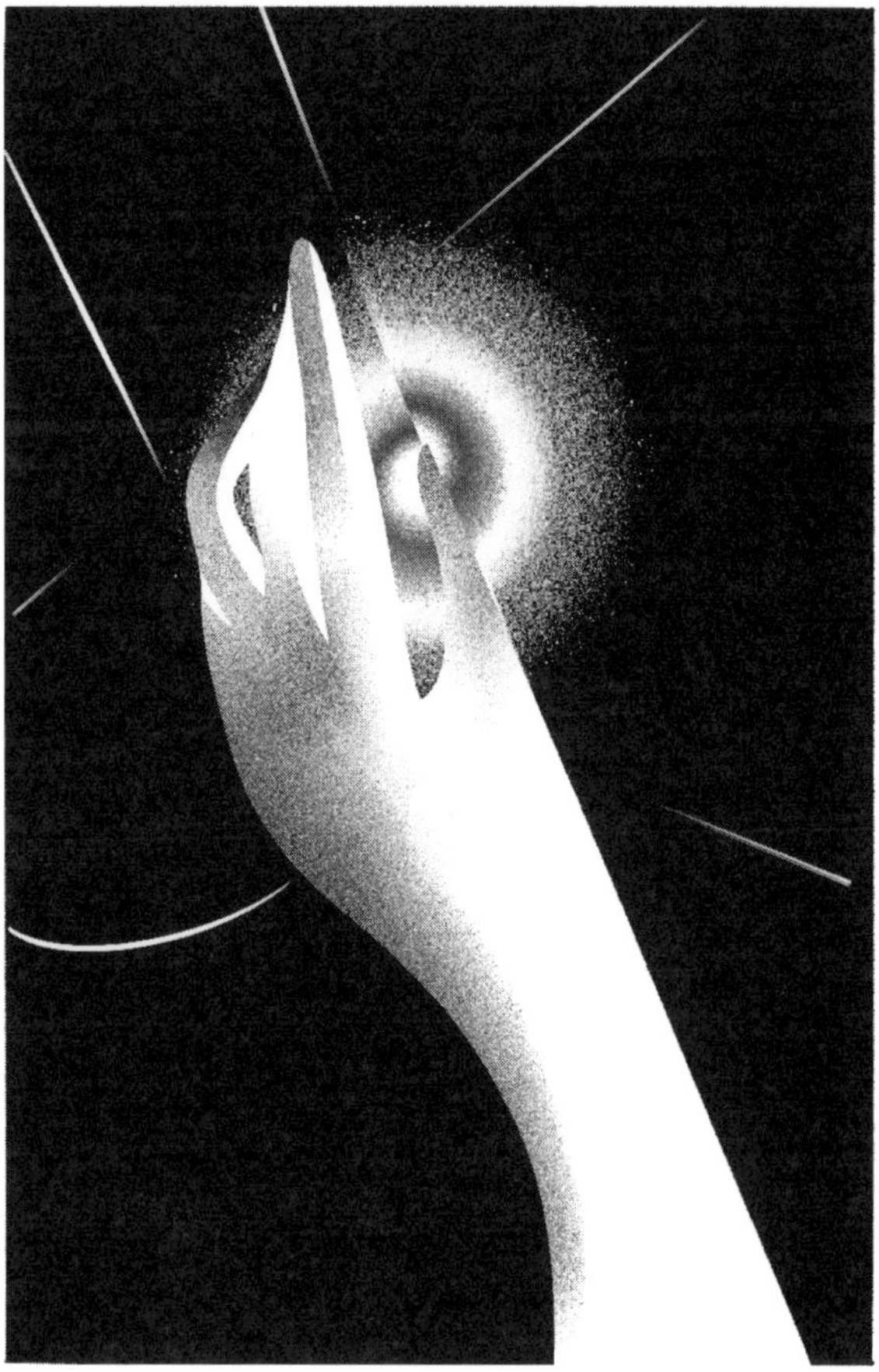

神様は広い心で私たちをいつも見守ってくださっています

神はいつも私と共にいて、私の弱さをすべて知り、私のすべてを許し、力を与え、愛し抜いてくださる。これは私自身がいつも自分に言い聞かせていることです。

一人ひとりが「神様はいつも自分といっしょにいて、自分を守って許してくださるんだ」ということをちゃんとわかっていれば、どんなにつらいときも孤独は感じません。そのことが大きな助けになるのです。

なにしろ神様は、目の前にあらわれて「あなたを愛しています」とおっしゃることはありません。

いろいろな人をとおして、神様はやさしさを示してくださいます。

大地やあるいは身近な人、いろいろな出来事をとおして、神様の愛は示されます。

ところが私たちの多くは、そのことに気がつきません。

だから、自分の感度を鋭くして、神様がこんなにも良くしてくださるんだ、という感謝の心で神様の存在を感じ取るようにすることが大事なのではないでしょうか。

困ったときや助けてほしいような大きな出来事のときだけ神様を頼るのではなくてね。

神様とは、高いところから私たちを見ていて、「それはダメ。あれはダメ」と罰を与えたり、にらんでいるといったイメージを持つ人もいるかもしれません。でも、そういう存在じゃないんですよ。

神様の心は大海原のように広くて、その大海の一滴を親の心に入れたといいます。だから、親は子どもが命の危機に直面したときは、自分の命を投げ出してでも救おうとします。

それが神様の心です。そんなにも広い心で、いつも私たちは包まれているのです。ただ、感じ取れないだけなのです。


人は苦しいとき、必ずお祈りしますね。「神のご加護などいりません」と言う人はいません。

以前、私のところにきて、自分は神様なんて信じないと言っていた人が交通事故に遭いました。その人が最初に大きな声で言った言葉は、「神様助けてください」だったそうです。

人間はだれでも、人間を超える大きな力で生かされているということを知っているのです。だれかに教えられたのではなく、すでに自分のなかにあります。生まれたときから、人間はすでに知っているのですよ。

神様によって生かされ、愛されていることを。

感謝の心を持つ訓練をしてみると、神様がいることを信じる心が育つかもしれません。

親は人間ですから、親があなたを一生愛していてくれるように。

至らぬところも多いのですけれども、神様は絶対、一人ひとりを大切に見守ってくださっています。

シスター鈴木の「悩み相談室」⑤

Q 自己嫌悪で苦しいとき、どうやって自分を許したらいいのかわかりません

すでに神様は、いつも一人ひとりを許してくれているのです。それを人間である私たちが「自分を許せない」なんて、傲慢すぎるということ。自分が完璧でなきゃダメだというのは、うぬぼれが強いからですよね。人間はだれも完璧じゃなくて、弱いところがいっぱいあります。神様がまず私たちの弱さを認め、この弱さも含めて許してくれているのに、自分のほうが「いえいえ神様、あなたは間違っています。こんなに悪いんです、自分は」と威張って神様を説得するのは傲慢ですよ。

他人も自分も物事も、自分の思いどおりにならないのはあたりまえなんです。人間の欲のなかでもっとも強い欲は、なんでも自分の思いどおりに動かそうという欲です。でも、所詮それは無理だと、年を取ればだんだんわかってきます。若いうちから少しずつ理解するのが大事ですね。

みんな一人ひとり違うんだとわかれば、許せます。むしろ「自分自身も許してもらわなければならない立場にいる」ことに気づかなきゃいけませんよ。

A 自分が完璧でなきゃダメなんていうのは、うぬぼれが強いからですよ

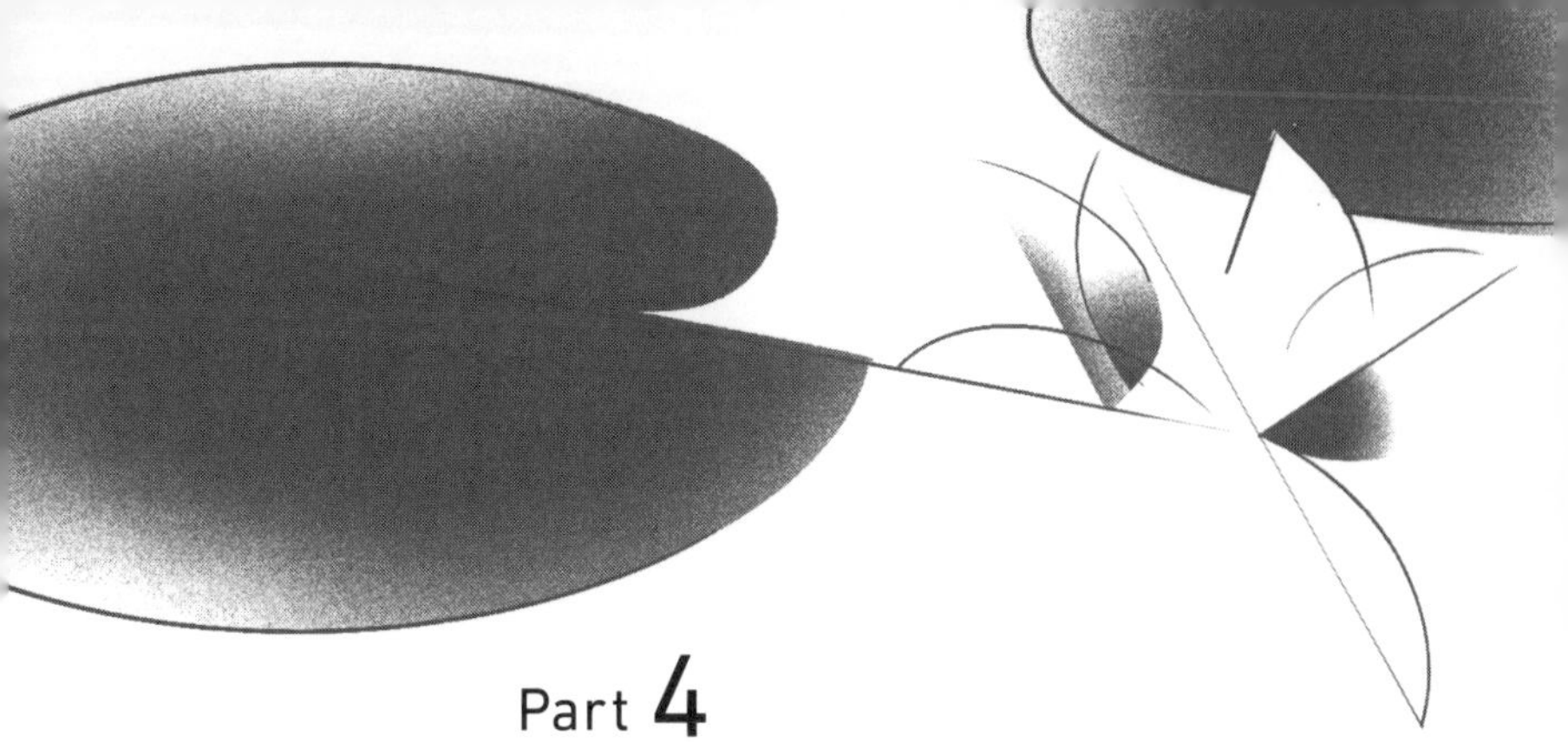

Part 4

老いるのはこわくない、そして死も

年を取るほど自分を押し殺さない。がまんしなくてもそれなりにうまくいくものです

年を取るのは、なにかをがまんすること。そんなふうに考えていませんか？

歩くのが大変になってきたから、習い事をやめる。

健康のために食べたいものをがまんする。

耳が遠くなってきたから、お友だちとのおしゃべりをあきらめる。

食が細くなってきたから、家族との外食をあきらめる。

年を取ると、体力も気力も衰えてくるのは自然の摂理ですから、抗《あらが》うことはできません。

でも、なにかをあきらめたり、がまんするのではなく、どうか次の言葉を自分に言い聞かせてください。

年を取るほど自分を押し殺さない。

あなたはこれまで、親のため、子どものため、家族のため、仕事のためなど、だれかのために十分に生きてきました。

だからそろそろ残された人生を、自分のために生きてもいいのですよ。

年を取ったら、自分自身を大切にする。

それはわがままなことではありません。

もっともっと自分をいたわってください。

私の食事についていうと、幼いころはものがない時代でしたから、好き嫌いはありません。ちょっと野菜が苦手なだけです。

栄養的にこれを食べると良いとか、これを食べると体に悪いとか、あまり考えずに、「食べる喜び」を味わうようにしています。


食べることは、生きること。

生きることは、食べること。

食べ方には、その人らしさがあらわれます。

共に食事をすることは、その人のあるがままを受け入れること。

食事をすることは、これほど私たちの人生でかけがえないことではないでしょうか。

ですから、食事のときはたくさん会話をします。食事は、生きていく楽しみを共に味わう場ですから。

おなじ釜の飯を食うという言葉があるように、楽しくいっしょに食事をすると、なぜか心を許し合えて、まるで人生の苦楽を共にしたような気がするものです。

修道会で私といっしょに生活をしている人たちは、多くが海外で生活した経験を持っています。海外では食事中のコミュニケーションをとても大切にします。

高齢者施設は、それぞれが個室で時間を過ごし、食事や活動はほかの入居者と共にするという生活スタイルですから、目的は違えど修道会の暮らし方と似ているように感じます。

私は、講演の予定が延期になったりして時間ができると、「なにをしようかしら」と考えます。そんなときは、修道会の食事メニューに彩りを添えられたらという気持ちで、インターネットで料理のレシピを検索します。先日は「なすと鯖缶の煮物」をつくりました。みなさんと「こんなメニューを見つけたのよ」なんて会話をしながら食事をしていると、栄養以上のエネルギーをもらっています。

私は食事をするとき、決めていることがあります。

それは、今日あった嫌なことを思い返さない、ということです。

そのためには、目の前に出された食事のことを考えます。

「このにんじんは、どんな農家さんが育てたのかしら。ありがとう」と感謝したり、「お米が実った黄金色に輝く秋の田んぼを見てみたいな」と自然や情景に思いを馳せたり、「今日はつくったことがないレシピに挑戦できたわ」と自分を褒めたり。

目の前の食事を楽しむことが元気の秘訣だと感じています。

目の前に話す相手がいないときは、亡くなった両親や友人、遠くで暮らす家族など、話す相手を心に決めて語りかけます。

生きているときはどんなに厳しくて口うるさい親だったとしても、もうあなたを否定することはありません。亡くなった方は、絶対的に肯定だからです。

「お母さん、このにんじんは甘くて美味しいね」

「このレシピに新しく挑戦してみたの。どう？」

こんなふうに話しかけてみるといいですよ。

ひとりで食事をする人であれば、だれに遠慮することもありません。いつ食べてもいいですし、どんなふうに食べてもいいのですよ。

最後にもう一度。年を取るほど自分を押し殺さないでくださいね。

闇があれば光がある。それに気づければ強く生きていけます

病気をすると、家族や仕事先の人に迷惑をかけるかもしれません。職を失うと、収入が減って、家族が困るかもしれません。

「はじめに」でみなさんにお伝えしたように、人は生きていれば、良いことも悪いことも、両方自分の身に起こります。

光があれば、必ず闇があります。それが宇宙の法則だからです。

「そんなことはわかっています」とみなさん、おっしゃいます。

でも、頭ではわかっているのに、なぜか人は良い面よりも悪い面に、光

よりも闇に目を向けてしまうのです。

どうしてなのでしょう。

それが人間なのだ、とあきらめることもできます。しかし、それが人間なのだとわかっていれば、「あ、闇があるなら、どこかに光もあるはずだ」と気づき、頭を切り替えることができます。

気づきを得ること。それが「知る」「学ぶ」です。


たとえば病気をして、入院することになったとしましょう。

「こんなに迷惑をかけて、本当に申し訳ない」

「トイレにも歩いて行けず、自分のこともできないなんて、自分は生きている価値がないのではないか」

「もう死んでしまったほうがいい」

……もうお気づきですね。これらは、闇の部分だけしか見ていません。

つらいとき、目の前が真っ暗なとき、光の部分に目を向けてみましょう。

「そんなことは無理だ」と言わないでください。闇があれば、必ず光があるのですよ。いま目の前の闇しか見ていないだけで、視線を別の方角に向ければ、ほら、そこに光があるのです。それが宇宙の法則です。


光の部分にはこんなに素晴らしいことがあります。

病気になった人にかかわった人は、「人に親切にする」という大事なことを学びます。

病気になった人は、ほかの人の親切さとそのありがたみを学びます。

「ほかの人の親切を謙虚に感謝して受け入れる」ことを学びます。

病気になって、健康がいかに尊いかを学びます。

病気に苦しむ人の痛みがわかるようになります。

人生をふりかえると、大変なことがたくさんありましたね。でも、乗り越えたから、いまここに、あなたがいます。

大変なことからいかにたくさんのことを学んだかに気づくこと。気づくたびに成長し、強くなっていきます。

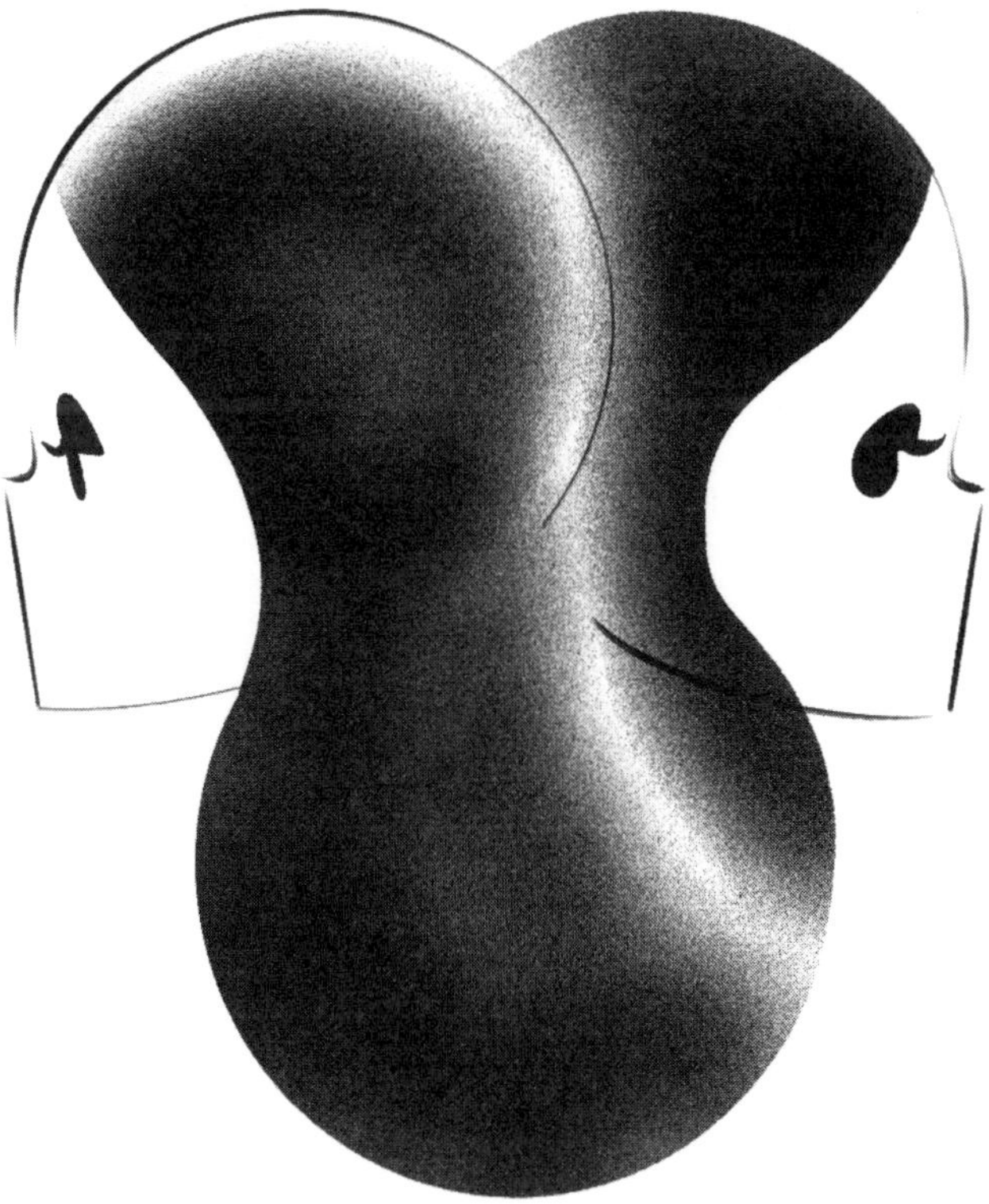

年を取ると「解釈」のバリエーションが増え自分を責めなくなります

年を取ると、たくさんの良いことがあります。

たとえば、「何度も言っているのに、ちゃんと話を聞いているの？」などとだれかに責められたとします。

相手は、何度言っても自分の話をちゃんと聞いてくれていないとぷんぷん怒っています。

そんなとき、多くの若者たちは、経験が浅いので、頭のなかで「もやもや」がはじまります。

もやもや。もやもや。

「私って、人の話をちゃんと聞けないダメな人間なのかしら?」
「理解力が低い?」
「集中力がないのかもしれない」
「この人に嫌われたらどうしよう」

もやもやの正体がわからないまま、自分を責めはじめます。

ところが、年を取ると経験豊かな人生のベテランですから、素晴らしい技《わざ》を身につけます。

その技とは、「気にしないですませる技」と「自分を責めずに上手に相手の言葉やつらい出来事をやり過ごす技」です。

「だれだって相手の話が頭に入ってこないときがあるわ」
「耳が遠いのだから、しょうがない」
「昨日、あんまり眠れなかったから、今日は集中力ゼロ」

「最近、ストレスがたまっているのよ」

こんなふうに、これまでの経験をベースに、自分に都合の良い解釈がさまざまにできるようになります。

若いと、すぐ相手の言葉に傷つき、落ち込み、自分を責めますが、年を取ると解釈のバリエーションは、それはそれは多彩になります。

相手の言葉に傷ついてしまったら、「私って、なんて人生経験が浅い未熟者なのかしら。若い証拠だわ」と都合良く解釈してみてはどうでしょう。

人生経験を50年、60年、70年、80年、90年と積んでくると、いま目の前で起こっている現実に対する「解釈」のバリエーションが増え、自分と上手に折り合いをつけられるようになります。

現実とうまく折り合いをつけて、「まっ、しょうがない」と思うのは悪いことではありません。

ずるくもありません。それを「ずるい」とか「逃げ」とか思ってしまうのは、あなたが真面目にがんばる人で、決め事やルールに従順だからなのかもしれませんね。

だれにだって、物事を表現するときに適切な言葉が出てこなかったり、集中力が途切れたり、気分が晴れなかったり、葛藤したりすることはいくらでもあります。いつでも100%集中することなんて、無理な話です。

そうでしょ？

あら、私の話をちゃんと聞いていなかったのかしら。

大丈夫、私はあなたを責めたりはしませんから安心してくださいね。

あなたはいつも、思い出いっぱいの花束を胸に抱いて生きています

私は最近になって時々、下手なりに絵を描くようになりました。いただいたお手紙の返事に、ちょっとした絵を添えたりしています。

絵を描くことは祈りに似ている、とふと感じることがあります。

絵を描いているときは夢中になります。絵を描くことにすっかり心を奪われてしまって、ほかに余計なことを考えないのです。我を忘れて描いています。

この状態は、仏教でいえば「無我」の境地です。

自分自身に囚われる心を超越した心。

夢中になって絵を描くことは、私自身に癒しというプレゼントをくださり、絵を送った相手に心を届けるという意味では、自利と利他が共存する行為なのかもしれません。

お手紙を添えるときも、ただただお返事をお送りする人の幸せだけを願って描くのですから、これは祈りそのものですね。

絵を描くことは、脳の活性と心の解放を促す作用があるそうです。実際に臨床の現場で行われているのが「臨床美術」です。絵を描くことで認知機能を維持したり、子どもの感性教育や自己肯定感の醸成などを行います。

これは日本発のアートソリューションメソッドといわれています。できあがった作品には、上手も下手もありません。そもそも絵というのは、言葉とは違う個人的な内なるものが顕在化したものですから、良し悪しの評価などまったく必要ありません。

たとえばお花の絵を描くとします。臨床美術ではすぐには絵に描きません。はじめにお花にまつわる自分自身の思い出などをだれかと語り合います。自分の思い出を語ってから、最後に絵を描きます。

ある老人ホームで、自分が描いた絵を「よくできた」となかなか認めることができない人がいました。

認知症になってホームに入居し、いままでのように友人といっしょにご飯を食べながらおしゃべりすることもできない、旅行にも行けない、歩くこともできない自分を否定していました。

いままでできていたことのすべてを奪われてしまったのです。

「ああ、自分はなんて情けない人間なのだろう」

「みじめだ」

「生きている意味などあるのだろうか」

「人に迷惑ばかりかけて、存在する意義などないのではないか」

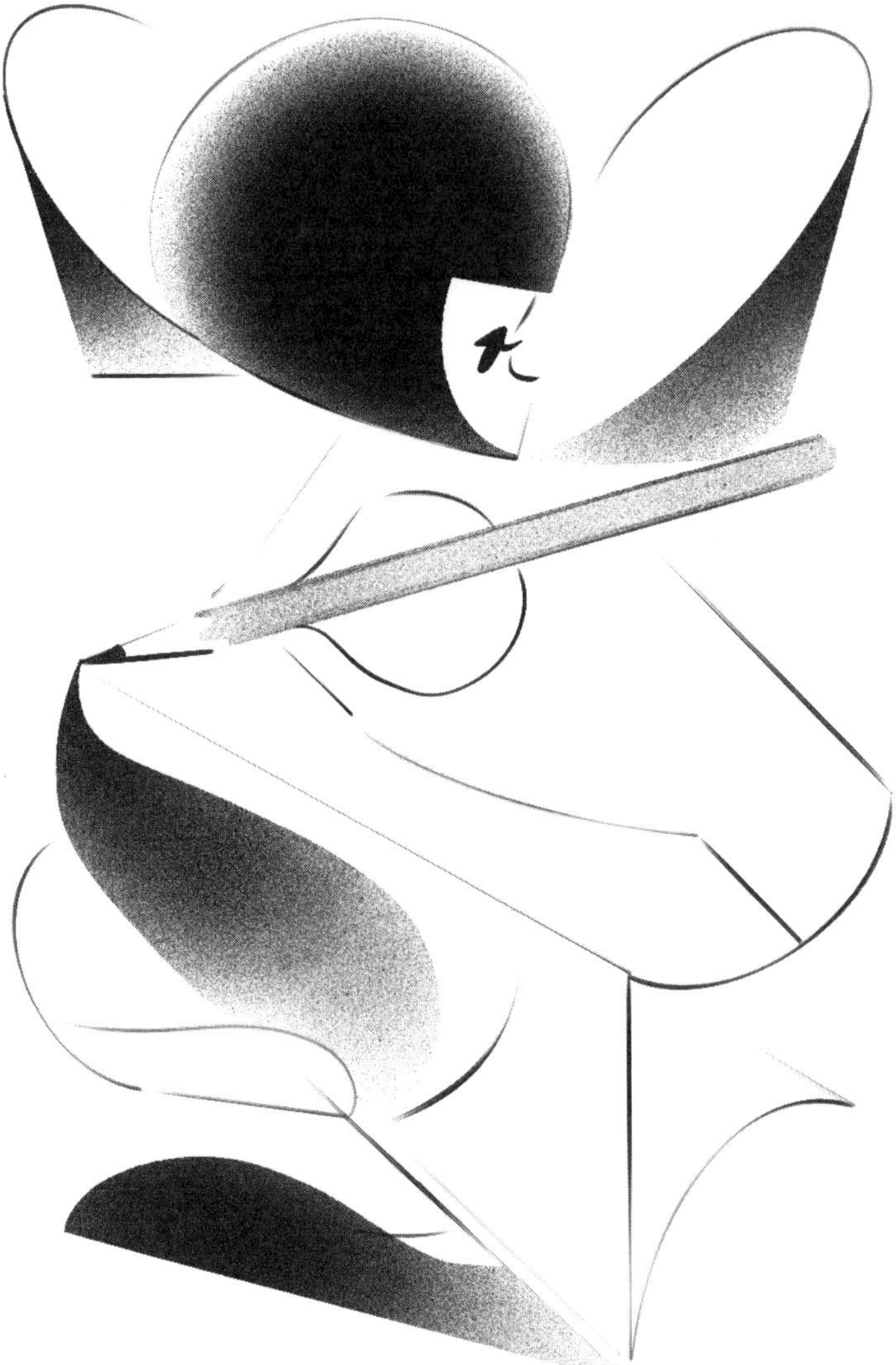

「死んでしまったほうがいいのではないか」

「私はもうダメだ」

嘆き悲しみ、それは怒りとなってあらわれました。


ところがある日、その女性はホームの臨床美術で花の絵を描きます。はじめにお花にまつわる思い出を話すうち、自分のなかにあるお花の思い出があふれてきました。

誕生日のときに夫からもらったお花。

子どものときにおこづかいで買った母の日のカーネーション。

入院したとき友人が持ってきてくれたお花。

仏壇に飾っているお花。

道端に咲いていた水仙。

毎年、春になるといっせいに咲き、いっせいに散る桜。

卒業式で胸につけたコサージュ。

土手の菜の花、ふきのとう、シロツメクサ。いい香りがする金木犀《きんもくせい》。

秋のお彼岸のころに咲く真っ赤な彼岸花。

そして、彼女はホームでひときわ赤く咲いているアンスリウムを描きました。

描いた絵を見て、彼女はひと言「よくできた」とぽつりと言いました。

この瞬間、それまでできなかった自己肯定ができたのです。

以来、彼女の怒りはおさまり、ホームでは穏やかに過ごすようになりました。

あなたは、お花にまつわるどんな思い出がありますか。

人生で出合った花のことを思い出したら、両手では抱えきれないほど素敵な花束になります。あなたは、いつでもこの素晴らしい花束を胸に抱いて生きているのです。

この花束があなたを生かしてくれているのです。

あなたの夢はなんですか？
夢があると強くなれます。
「ある」だけで、いいんですよ

私には夢があります。いつか、量子物理学のような広い世界を勉強してみたいと思っています。量子というのは、原子レベル以下のとっても小さいエネルギーや物質の単位です。たとえば、原子や電子、光子（光の粒）があって、波や粒子の性質を両方持っていたり、複数の場所に同時に存在したりするなど不思議なふるまいをします。ペアになった量子の一方の状態が、もう一方に瞬時に伝わる現象もそうです。オルガンの音が響くのとおなじですね（48ページ参照）。

想像するとワクワクするもの。それが夢です。アルプスの山を見てみたいなあ、いつか。昔、旅行した町で食べた、あの蕎麦をまた食べたいなあ、いつか。「でも年だから」で終えずに、「いつか」でいいのです。

想像するだけで、ワクワクしてきませんか？　アルプスの山も蕎麦も量子物理学も、ぜんぶ「想像するとワクワクするもの」です。

いわば、バーチャルな世界とおなじですね。体はここにあるけど、アバターがバーチャルの世界へ行って、体験するようなものです。

「私は頭が良くないけど、大学で日本史の勉強をしてみたいなあ」

「私はもう年だけど、犬を飼って毎朝いっしょにお散歩したいなあ」

「足腰が痛いけど、またあの町の蕎麦を食べたいなあ」

ここでの「けど」はとっても大切ですよ。「だって」「でも」「けど」はネガティブになりがちですが、後ろ向きの考えが浮かんできたら、すぐに「けど」で打ち消すのです。

そしたら夢が広がっていきます。考えるだけでワクワクしますね。

私は一度死んでいるからわかるんです。死はこわくないですよ

私は、かつて臨死体験をしたことがあります。

高く急な階段を2階から1階まで落ちてしまい、5時間近く意識不明の状態で過ごしました。救急隊員の方が「これだけ高い階段から落ちて、生きていられるものではない」と驚いたという話を後で聞きました。

私は、夜中に廊下を歩いていて、そこが階段とは気づかず、廊下の続きだと思って歩き続けたのです。だからなんの恐れもなく、ふわりと落ちたようです。体を硬くしなかったのが幸いして、意識は失ったものの肋骨に

軽くひびが入った程度で、大けがを免れました。

意識がない5時間という間に思いがけないことが起こりました。後から思うと、あれが臨死体験というものだったのでしょう。

私は、空中からベッドを見下ろし、もうひとりの自分を見ています。意識は明確に持っていました。おそらく、死の淵をさまよっていたということでしょう。

しかし、私にとってこの5時間は「完全な自由」と「一体感」を味わった素晴らしい体験でした。そのときに味わった感情と感覚をまとめます。

- 完全な自由である
- 自分の全機能がいきいきと最高の状態になる
- ひとつひとつの機能がおたがいに完全に調和している
- オリンピックの選手がベスト・コンディションで世界記録を破る瞬間の感情

・ニュートンがりんごが木から落ちるのを見て、ひらめきを得たあの瞬間の躍動
・まばゆいほどに輝く黄金の光に包まれる
・光は命の充満そのもので、生きている完全な人格を持つ方《かた》である
・光そのものの方《かた》は、私をとことん知り尽くし、私のすべてを理解し、許し、私を私としてあるがままに受け入れてくれている生命そのもの

このとき、私はかつて体験したことのない明晰さで理解しました。

「これこそ、愛の極致」「これこそ、至福」「悟りとはこういうこと」

「これは永遠だ」「ここにはもう時は存在しない。すでに時はなく、永遠。

そして、完全に幸福の境地だ」

私はこの世界にいつまでもとどまりたいと感じていました。

そのとき、つたない日本語で祈りが聞こえてきました。

「癒してください。癒してください」

すると「生命の光」が、私にこの世界に帰るように促したのです。

存在そのもの、生命そのものの方が、私に次のように言いました。

「おぼえておきなさい。もっとも大切なことは、『愛する』ことと『知ること』です」

そのとき、私ははっきり理解したのです。

この世で生きる意味は「愛する」ことと「知る」こと。私にとっては、このふたつこそが、この世に生まれてきた意味、生きる意味であると。

これが慈愛と叡智《えいち》です。

だから、もっともっと愛しなさい。もっともっといろいろなことを知りなさい。憎んだり、恨んだり、羨《うらや》んだりせず、愛するのです。


次の日は身体じゅうが痛くて、動くことができませんでした。翌々日、ようやく伝い歩きで廊下に出て、窓を開けて外を見ると、そこには刈り入れが終わったばかりの田んぼが大きく広がっていました。そのとき、私は田んぼや干された稲や風や樹木といったこの世のありとあらゆるもの、大宇宙と自分との完全な一体感を得たのです。

あの「生命の光」のなかで体験した一体感は、私がいずれその世界に戻る安心感を与えてくれました。死とは、あの「生命の光」に帰っていくことなのでしょう。

このときはっきりと、「すべてはひとつである」ということを確信しました。

その後、英国人の友人が見舞いにきて、一冊の本の話をしてくれました。それがのちに日本語訳されて有名になったレイモンド・A.ムーディ・Jr.の著書、『かいまみた死後の世界』の英語版でした。

「私は死後の世界に一歩足を踏み入れたのだ」と、後に本を手に入れて読んでやっと理解しました。

死後の世界は、完全な自由で、自分の全機能がいきいきと最高の状態になっていることが感じられる素晴らしい場所でした。

みなさんも死を恐れることはありません。

いずれその場所に帰っていくのですから。

column

92歳、健康で長生き、シスターの暮らし

1日3回は祈りの時間。
みなさんと変わらず
暮らしていますよ

じつは野菜が苦手なのです

私は広尾にある修道院で暮らしております。みなさんはシスターがどのような暮らしをしているか、ご興味があるのではないでしょうか。

朝、5時半に起床しましたら、身支度を整えて、お祈りをします。聖堂《おみどう》でのお祈りは1日3回です。廊下を歩いているときもエレベーターに乗っているときも、1日じゅうお祈りをしています。

朝のお祈りが終わったら、いっしょに暮らすシスターたちと食堂で食事をします。年を取ってくると、たくさんの量は食べられなくなりますね。だから量が少なくなりすぎないようにこころがけています。

じつは、私は昔から野菜が苦手なのです。でもいまは、野菜をちゃんと食べるように

しています。野菜が少なくなるとバランスが崩れますから。好きな食べ物は、甘いものです。あんことか和菓子が好きです。お魚も好きですし、お肉も食べます。

四季折々に庭に咲く花

修道院のお庭には、季節ごとにいろいろな花が咲きます。いまは、ほら、そこにきれいな薔薇が咲いています。こうしてふと外を見て、お花が咲いているのが目に入ると、とっても楽しいですね。宇宙の恵みだと思います。自分が宇宙の一部であることを思い出させてくれます。

でも、不思議に思うのです。どんなに科学が発達しても、人間はお花を0《ゼロ》からはつくり出すことはできません。こんなに美しい薔薇を咲かせる宇宙って、本当にすごい存在ですね。落ち込んだり、元気を出したいときなどは、好きなものをまわりに置きますが、お花はいつでも私に元気をくれます。

最近、悲しいことがありました。甥が突然亡くなったのです。61歳という若さでした。とっても明るい存在でしたので、悲しかったですけれども、亡くなっても彼の存在をつねにそばに感じています。近くで光を送ってくれているような、そんな気がするのです。離れないでいつも共にいてくれるという感じがあります。

ふだんの過ごし方

テレビも好きですし、人生を考えさせてくれるような映画も好きですし、本はとくに好きです。お笑い番組などはあんまり見ませんが、ワイドショーは見ます。講演の仕事もなく、人に会うこともなく、悩み相談もないという日は、めったにありません。時間があれば、悩み相談を入れています。

午後6時半に、夕食をいただきます。7時半から1時間ほどお祈りして、9時に部屋に戻って、寝る支度をします。お部屋で読書をしたり、メールのチェックなどをして、午後10時半くらいには就寝いたします。

とくに休日というのはないのですが、私たちシスターは1年のうち8日間、絶対沈黙で瞑想する日があります。富士の裾野に行って、だれとも話さないで、自分の心を静かに見つめる時間を持ちます。神と共に過ごすのです。

子どものころの思い出

私は子ども時代、海のそばで過ごしました。広い太平洋がいつも目の前に広がっていて、この海の向こうにはなにがあるのだろう、といつも考えていました。

だから見えない世界が好きなのです。文学は、海のように広くて深く、たった3行の詩でも、その奥に世界が広がっています。だから文学の道へ進みました。

ふりかえると、恵まれた子ども時代を過ごしたなあと思います。「勉強しなさい」と言われたことは一度もありません。本を読むのが好きで好きで。勉強しろとは言われませんでしたが、「本ばかり読んで」と年じゅう言われていました。

私は田舎の子でしたから、海を見ながら学校まで毎日、往復1時間ほど歩きました。いまこうして健康でいられるのは、そのおかげだと感謝しています。父は休みの日になると、よく私たちを連れて山歩きをしました。山にある果物をその場で食べて、とっても美味しかったですね。

人生で影響を受けた人

聖心女子大学創立から19年間、初代学長を務められたマザーブリットに大きな影響を受けました。

聖心女子大学の1期生である元国連難民高等弁務官の緒方貞子さんは、マザーブリットのことを「これからの女性がどうあるべきか、自分でものを考え、人々のために行動する女性の育成という明確なヴィジョンをお持ちで、私も大きな影響を受けました」と話されています。

マザーブリットは、次のように私たちに教えてくださいました。

「自立した人でありなさい。知的な人でありなさい。協力する人でありなさい。あなた方は社会のどんな場所にあっても、その場に愛の灯《ともしび》を掲げる女性になりなさい」

この言葉は、私に生きる道を示してくださいました。

私の夢は、量子物理学を学ぶこと

もしも生まれ変わるなら、もう一度人間に生まれて、一生懸命勉強したいと思います。

量子物理学とか、そんな広い世界のことを勉強したいのです。生まれ変わらなくても、できるかもしれませんね。東大の大学院で学ぶような難しい学問を、もう一度必死に勉強してみたいのです。つくづく私って、勉強するのが好きなのですね。

Part 5

後悔のない人生のためにできること

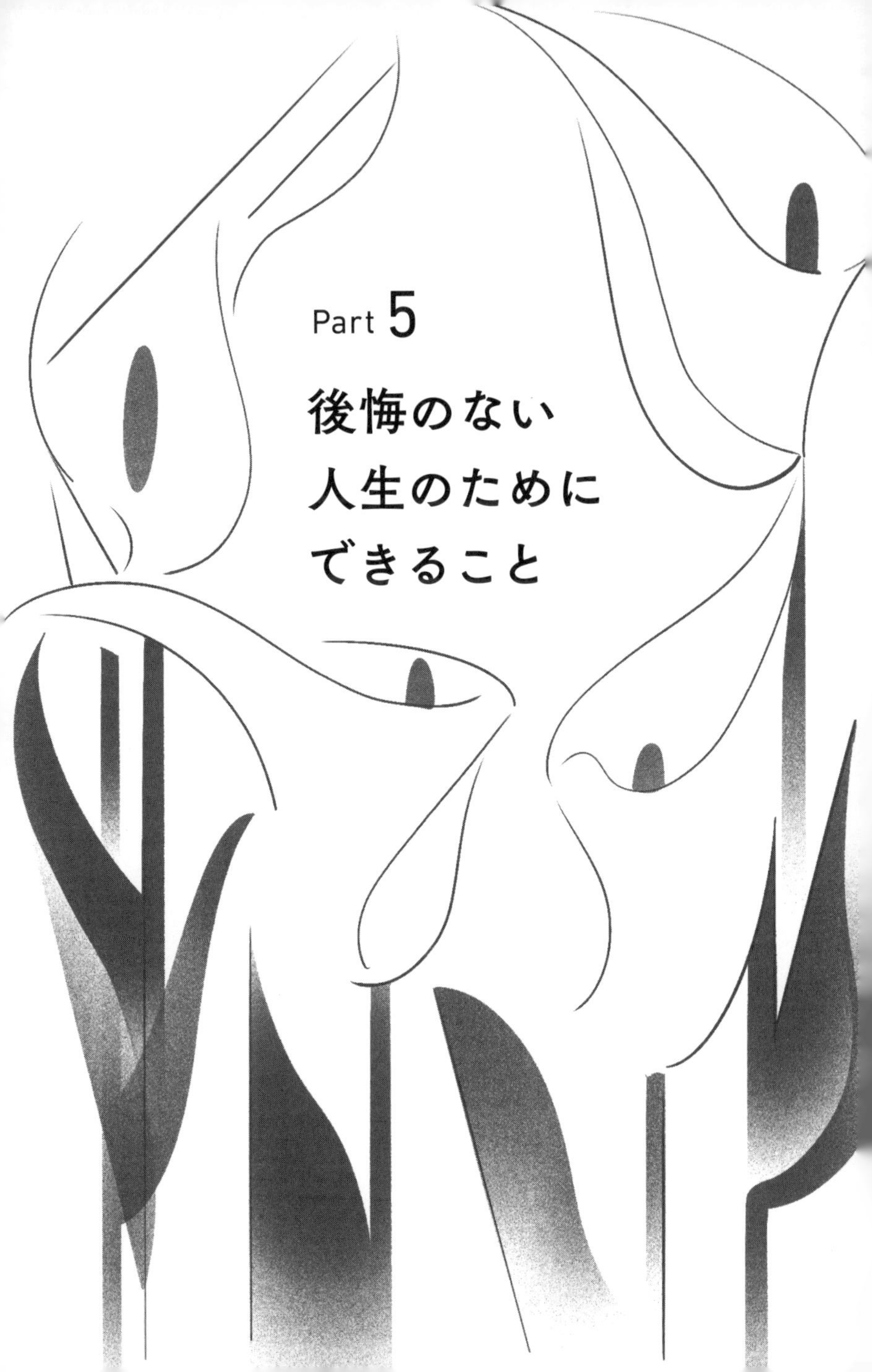

人生の最後でなくてもやりたいことはいますぐやっていいのです

いましかできないことがあります。

先延ばしにしていると、あっという間に人生が過ぎ去っていきます。まるで風のように。

年を取ったらなおのこと、残された時間はどんどん少なくなります。

死ぬ前にやっておきたいことはなんですか？

私は、これまでたくさんの方々の看取りを行ってきました。看取りは、ご本人の尊厳を保ちながら、自分らしい最期を迎えられるようにただ寄り添うことです。

ある大学病院の医学部の教授が私にこんなことを話してくださいました。

「死が近づいている病人が元気を取り戻して、あたかも回復したかと思われるような時間が訪れることがあります。その間にやり残したことや言い残したこと、したいと思っていたことを成し遂げることがあるのです。私たちはこの時間を『仲よし時間』と呼んでいます」

このように、死が迫っている人たちに訪れる「すっかり元気になったような時間」＝「仲よし時間」に、人はこの世を去る準備として、人生最後の仕事をするのです。人生最後の仕事とは、次の5つです。

・自然との一致
・他者との和解作業
・自分自身との仲直り
・未解決のものを解決する

・自分の人生の意味を見つける

死が迫っている人に私ができることは、呼吸を合わせて共にいることです。その方たちの体に手を当てていると、心地よい眠りに入る人もいます。ときには、心の底からこみ上がる思いを話し続ける人もいます。

私に語るというよりも、自分の一生をふりかえり、その人にとって意味のあることを見つめ直し、死を前にしてひとつひとつ、自分自身の思いを整理しているのです。多くの場合、どんな人も、深い感謝の思いをあふれさせます。

私はこれまで死を前にした人たちと「仲よし時間」を共にした経験から、ご本人たちは死が迫っていることを知っていると確信しています。

残された時間、自分の人生をふりかえり、自分の人生の意味を見つけ、未解決のものを解決し、仲たがいしてしまった人と和解して、より豊かな愛の結びつきを心から望んでいるのです。

私は、忘れないようにいつも心に留めていることがあります。

人は必ず死ぬということ。


いずれこの世を去る準備として「いまできること」はなんでしょうか。

答えはすぐには出ないかもしれませんね。でも、目を背けてはいけません。誤魔化して人生を終えることなど、できないのですから。

人生最後の仕事はいますぐやってもいいのです。

それは、「感謝」することです。

生きているなかでどれだけたくさんの幸せに気づけるかが課題です

私たちはなぜこの世に生まれてきたのでしょうか。
この世に生まれてきたのは、幸せになるためです。
あなたは、小さな手のなかに幸せをぎゅっと握って、この世に生まれてきました。
あなたの手のなかには、すでに幸せがあるのです。
もしも、「私にはない」と言う人がいれば、それは傲慢です。

幸せを探しに出かけなくても、すでにあなたのなかに幸せはあります。

ただ、それを見つけるだけです。


あなたのこれまでの人生をふりかえってみましょう。

あれは本当につらかったなあ。でも、なんとか乗り越えられた。

あれはとっても美味しかったなあ。家族でいっしょに食べたなあ。

あのときは本当に悲しかったなあ。いっぱい泣いて、だけどいまは笑って生きている自分がいる。

こんなふうに、ひとつひとつ与えられた課題をクリアしてきたからこそ、あなたはいまこうして生きているのです。

そのひとつひとつが、いまのあなたをつくっています。


そのひとつひとつこそが、幸せといえるのではないでしょうか。

幸せはあなたの手のなかにすでにあります。

私たちがもっとも幸せを感じるのは、「主体的な生き方」をするときです

人はどんなときに幸せを感じるでしょう。

私たちは、「主体的な生き方」をするときに、もっとも幸せを感じるようにつくられています。まわりの意見に耳を傾けることも大切ですが、最後に決めるのは自分です。

だれかに指示されたことではなく、自分で決めて、行動に移します。そこには責任が伴います。

そんな責任など取れるわけがないと、自分を過小評価していませんか？

あなたには自分で決めて、自分で責任を持って行動できる力があります。

せっかくの力を使わないのは、もったいないことです。

おなじような言葉に「自主性」があります。自主性は他からさしずを受けずに率先して行うことですが、主体性は自らが決めたことを行うことです。


年を取って、残された人生をどのように生きたいですか？

どう生きますか？

それを決めるのは、あなたです。


自分がこれまでの人生で育んできた価値観や信念に基づいて、主体的に決めることができるのです。自分で物事を決めることは、心からの喜びですね。

これからの世のなかで、たとえＡＩがどんなに進化しても、私たち人間の主体性を真似することは難しいとされています。

もしも、あなたが「本当はこうしたいのに、できない」という不安や恐れがあるなら、こんなふうに祈ってみてはどうでしょうか。

変えることのできるものを
変えていく勇気を与えてください。
変えることのできないものを
受け入れていく心の広さを与えてください。
そして、
変えることのできないものと
変えることのできるものを
見分ける智恵を与えてください。

これからの人生、どれだけたくさんの幸せに気づけるか、生きている間にあなたに課された責任です。
なにがあなたの幸せなのか、それに気づいて選ぶのは自分自身です。
たくさん見つけた人が、たくさんの幸せに包まれます。

仲直りしたい人の幸せを真に願う。それだけで伝わりますよ

これまで愛する人との別れを経験されてきた方も多いのではないでしょうか。

大切な人の死は、頭ではわかっていても心の深いところでは受け入れられないものですね。どうしても死を否定したり、自分の持つ不安と愛する人を失う恐れで心がいっぱいになってしまい、混乱に立ち向かうことを避けようとしてしまいます。

もしも、目の前にいる大切な人が病気を患っていれば、その人の前で笑

顔をつくり、あたかも病気が回復するかのようにふるまい、自分自身も「この人の病気はいつか治る」という希望にすがってしまいます。

では、病人側の気持ちはどうでしょう。家族を悲しませることや、がっかりさせることを懸命に避けようとしますよね。それが家族へのせめてもの最後のいたわりの思い、表現、自分ができることだと感じるからです。

両者とも、心のなかの深いところにある本当の気持ちを隠したまま、一見和やかに見える雰囲気をつくろうと努力します。

本当は、死にゆく人は、心のなかで「死に向き合う」というこれまで体験したことのない状況で、死への恐れや不安、いま終わろうとしている自分の人生に対して、さまざまな思いが渦巻いています。

家族がどんなに大切であったか。

家族への感謝。

自分が死んだ後も、幸せに暮らしてほしいという願い。

これらの思いをぜんぶ話して、あるがままを理解してもらいたいと願っています。


自分は本当はこんなふうに生きたかった。

いろいろな事情があって選択することができなかった生き方。

伸ばすことができなかった可能性。

成し遂げられなかった希望。

自分に与えてやれなかった満足感。

切り捨てたことへの悔い。

これらをすべて、本当は話したいのです。

なかでもとくに思いが強いのは、なんでしょうか。

それは、だれかに対して持っていた「不和の感情」です。

どんな人でもみな、死ぬ前にまず「仲直りがしたい」と切に望みます。

たとえ病気におかされていようと、人間関係が良ければなんとか耐えられるでしょう。どんなに貧しくても、良い人間関係があれば支えられます。

多くの人が不和の相手に、「自分が悪かった」と素直に自分の非を詫び、許しを乞い、仲直りをして心の交流を持ちたいと望みます。

そのためには、胸につっかえていた思いを、安心安全な場で口に出して、相手がいかに悪いかをたくさんたくさん吐き出す必要があります。聞いてもらう人がいないときは、ひとりで何度言っても、何度吐き出してもいいのです。するとあるときクルンとひっくり返って、必ず「私も悪かった」と思えるのです。

それが気づきです。気づきですから、その気づきが人を成長させます。よく神の声といいますが、自分のなかでの気づきが神の声なのです。

いまあなたは、仲直りしたい相手がいますか。

「ありがとう」

「ごめんね」

「許してね」

「愛しています」

こんなふうに相手に伝えたら、きっとわかり合えるのではないでしょうか。相手に直接言えなくても、心のなかで相手の幸せを真に願いながら、「ありがとう、ごめんね、許してね、愛しています」と祈ることで、伝わっていくものです。

自分の思いを書いた手紙を、ポトンとポストに入れるような感覚です。すると郵便配達の方が確実に相手に届けてくれます。

自分が思っていることは、ぜんぶ神様に繋がっているのです。こうやって相手に話しかけるのは、神様に話しかけることであり、自分に話しているることでもあるのです。

そうした時間が持てると、人は苦しみから解放されて、納得して幸せな最期を迎えることができるのです。

私は毎日、1日のなかで何度も「祈りの時間」をつくっています。エレベーターに乗っているわずかな時間にも、「苦しんでいる人、悲しんでいる人がどうか救われますように」と祈ります。

祈りの力は強いものですよ。

ダメな自分なんていません。あなたはすでに完璧なのです

後悔しないために、生きているうちにやっておきたいことのひとつが他者との和解作業でしたね。

では、次はなんでしょう。

それは、生きているうちに自分自身と仲直りをしておくことです。

ダメな自分なんて、どこにもいません。

ダメな自分だと決めているのはだれですか？

そう、あなたです。神様は、決してあなたをダメな人間だと判断したりはしません。

人生という自分で選んだ舞台で、正解かどうかを決めるのはあなたです。演出が悪いとか、俳優がミスキャストだなどとは、だれも言いません。

いつも「こうじゃなかった」「こうすればよかった」という思いに苦しむのには、原因があります。

その原因となっているのが、「べき」思考です。「〜すべき」という理想や完璧主義的思想に支配されているのではないでしょうか。

これまで親や先生、世のなかの正解とされるものに、洗脳されてきたからなのかもしれません。

「べき」はいりません。いますぐ「べき」を捨ててみましょう。

生きるのがものすごくラクになりますよ。

人生というのは、「べき」などなくても、すでに完璧なバランスが取れていますよ。みごとに完璧なバランスです。

ほら、そこに咲いているお花を見てください。なんとみごとでしょう。宇宙の摂理は本当にすごいですよ。その花とおなじ、あなたはすでに完璧なのです。

太陽がのぼると朝がきて、沈めば夜がきます。1年じゅう、闇夜ばかりではありません。夜が明ければ、朝がきます。明けない夜はありません。夜になって冷え込んで、昼との寒暖差でぶどうは甘く育ちます。寒暖差というストレスでぶどうの糖度が増すのです。私たちの人生もいっしょです。

雨が降れば、山の樹木を潤し、養分たっぷりの水が海へと注ぎ込まれ、雲になってまた雨としてかえってきます。

すべては循環、すべてに意味があります。

人間というのは、自分にとって都合がいいことを「良いこと」、都合が悪いことを「悪いこと」と判断しがちです。

雨が降ると濡れる。傘を持って出かけるのは、面倒だ。

この判断を、地球規模の大きな視点で見るとどうでしょう。

まあ、なんとちっぽけで可愛らしい感情でしょう。

でも、「いやだな」という気持ちも自然の摂理ですから否定しないでください。いやだなと思うのはあたりまえのことで、自分の気持ちを否定することは、自分自身を否定することになります。


これだけは断言して、みなさんにお伝えできることがあります。

人生で起こることに、なにひとつ悪いことはない、ムダなこともない。

すべてには意味があり、起こることはすべてが良きこと。

人間はすぐに忘れてしまう生きものですから、私自身、深く心に刻んでいます。

すべてには意味があり、起こることはすべて良きことである、と。

「ありがとう」という感謝の気持ちをこまめに伝えましょう

残された人に伝えたい言葉、そして自分に言ってあげたい言葉。私の場合をお伝えすると、それは両方ともおなじ言葉です。

「ありがとうございます」

最期は感謝の言葉、それ以外にないのではないでしょうか。

自分が生かされているのは、自分の力ではなくて、家族の支えによるもの、あるいは身近な人の存在によるものです。

多くの人は、最期に「ありがとう」という感謝の言葉を伝えたいと思っています。すでにあなたのなかにも、感謝の気持ちがあるのではないでしょうか。

であるならば、ふだんから感謝していることに「ありがとう」と言う練習をしておくといいですよ。

最期にちゃんと「ありがとう」と言えるようにするには、いつもこまめに感謝の気持ちを「伝える訓練」が必要です。

死ぬまで人間は訓練の日々です。

今日からはじめてみてはどうでしょうか。感謝の気持ちをこまめに伝えるということを。

そして、今日会った一人ひとりのことを大切に思うのです。良い人とか悪い人とか、自分にとって利益がありそうだとかなさそうだとか、利害関係などいっさい抜きで、今日会った一人ひとりに「ありがとう」を伝えます。

そうするとね、みんな健康で長生きできますよ。

おわりに

毎日たくさんの方からお便りをいただきます。

うれしいお知らせもありますが、辛い苦しい状況を分かち合い、「お祈りください」と結んであるのがほとんどです。

一通ごとに、その方の思いを汲み、すぐお返事を書きたい思いに駆られます。

でも、いちばん大事なのは、その方がいまの状況を乗り越えて、人間として成長していくための祈りを捧げることです。

お一人お一人にお返事を書く代わりに、私は心から祈りをお捧げいたします。

祈りは、私たちの希望どおりに物事を計らってくれるとは限りません。しかし、祈りは、その方が真の幸せを生きるように、力を与えてくれます。

あなたもご自分の人生をふりかえってみて、「あの辛いことがあったからこそ、いまの私がある」と感じることが多々あるのではないでしょうか。

せっかく率直に長い手紙を書いて送っても、返事がこないときはがっかりするかもしれませんが、そんなときは、私が祈りのうちに応援して、あなたと共にいることを思い出してください。

あなたは一人ではありません。
たくさんの方が祈りながら、あなたに寄り添って応援しています。
神様はいつもあなたと共にいて、あなたのすべてを許し、あなたに力と希望を与え、愛し抜いていてくださいます。

この本をお読みくださってありがとうございました。
あなたのこれからの日々が神様の豊かな恵みに満たされますよう、お祈り申し上げております。

2024年4月吉日

鈴木 秀子

鈴木秀子(すずき・ひでこ)

1932年生まれ。聖心会シスター。文学博士。東京大学大学院人文科学研究科博士課程修了。フランスとイタリアに留学。ハワイ大学、スタンフォード大学で教鞭をとる。聖心女子大学教授（日本近代文学）を経て、国際コミュニオン学会名誉会長。聖心会会員。修道院で8年間にわたる沈黙の行を経験し、その後も日々の瞑想を実践。教育活動のほか、ゲシュタルト・セラピーに従事。人々の悩みに向き合い、数多くの死にゆく人々を看取る。日本に初めてエニアグラムを紹介。全国および海外からの招聘、要望に応えて、「人生の意味」を聴衆とともに考える講演会・ワークショップで、さまざまな指導に当たる。主な著書に『9つの性格 エニアグラムで見つかる「本当の自分」と最良の人間関係』（PHP研究所)、『あきらめよう、あきらめよう 不安、イライラ、怒り、執着を消すヒント』（アスコム)、『世界でたったひとりの自分を大切にする 聖心会シスターが贈る大きな愛のことば』（文響社)、『機嫌よくいれば、だいたいのことはうまくいく。』（かんき出版）ほか多数。

あなたは、そのままでいればいい

発行日　2024年4月23日　初版第1刷発行

著者　鈴木秀子

発行者　小池英彦

発行所　株式会社　扶桑社
〒105-8070　東京都港区海岸1－2－20
汐留ビルディング
電話　03-5843-8843（編集）
03-5843-8143（メールセンター）
www.fusosha.co.jp

印刷・製本　タイヘイ株式会社　印刷事業部

デザイン　六月
イラスト　akira muracco
撮影　難波雄史
校正　麦秋新社
DTP　ビュロー平林
構成　脇谷美佳子　廣瀬智一
編集　橋本妙子（扶桑社）

　ISBN978-4-594-09683-0